UNIVERSITÉ DE LYON. — FACULTÉ DE DROIT

LE CRÉDIT PERSONNEL

DE L'AGRICULTEUR

ET LES

SOCIÉTÉS DE CRÉDIT AGRICOLE

THÈSE POUR LE DOCTORAT

PAR

Charles GODDE

PARIS
LIBRAIRIE NOUVELLE DE DROIT ET DE JURISPRUDENCE
Arthur ROUSSEAU, ÉDITEUR
14, RUE SOUFFLOT ET RUE TOULLIER, 13

1897

THÈSE

POUR LE DOCTORAT

UNIVERSITÉ DE LYON. — FACULTÉ DE DROIT.

LE CRÉDIT PERSONNEL DE L'AGRICULTEUR ET LES SOCIÉTÉS DE CRÉDIT AGRICOLE

THÈSE POUR LE DOCTORAT

PAR

CHARLES GODDE

Président : M. COHENDY, *professeur*.
Suffragants : MM. PIC, SOUCHON, *professeurs*.

PARIS
LIBRAIRIE NOUVELLE DE DROIT ET DE JURISPRUDENCE
ARTHUR ROUSSEAU, ÉDITEUR
14, RUE SOUFFLOT ET RUE TOULLIER, 13

1897

LE CRÉDIT PERSONNEL DE L'AGRICULTEUR

ET

LES SOCIÉTÉS DE CRÉDIT AGRICOLE

BIBLIOGRAPHIE

Baillet. — Essai sur le crédit agricole mobilier. Thèse Paris, 1887.

Thouillon. — Le crédit agricole. Thèse Paris, 1893.

Jeanneney. — Le crédit agricole mobilier. Thèse Besançon, 1889.

Durand. — Le crédit agricole en France et à l'étranger. Paris, Chevalier-Marescq, 1891.

Lyon-Caen et Renault. — Précis de droit commercial, 2e édition. Paris, Pichon, 1889, tome I, p. 200 à 202 et *passim*.

Daniel Zolla. — Questions agricoles d'hier et d'aujourd'hui. Paris, Alcan, 1894-1895.

Rayneri. — Manuel des banques populaires. Paris, Guillaumin, 1896.

Rostang. — L'action sociale par l'initiative privée. Paris, Guillaumin, 1892.

Fuzier-Herman. — Répertoire de droit français, tome 15, au mot Crédit agricole.

Pandectes françaises (répertoire), tome 22, au mot Crédit agricole.

Revue critique de législation et de jurisprudence, tome **XXIV**, 1895, p. 318 et *passim*.

Les lois nouvelles, avril 1895.

Annuaire de législation française, 1894, p. 90 et s.

Paul Leroy-Beaulieu. — Traité théorique et pratique d'économie politique, *passim*. Paris, Guillaumin, 1896.

Cauwès. — Cours d'économie politique, tomes II et III, *passim*. Paris, Larose, 1893.

Revue d'économie politique, mai 1895, p. 517 et s. ; *passim*.
Le Monde économique, 1894, tome 2, p. 400, 429, 458 ; tome I, p. 11 et *passim*.
Journal des économistes, 1895, tome 2, p. 296 et *passim*.
Annales de droit commercial, 1889, p. 177 et 1893, p. 317 ; *passim*.
Annuaire de législation étrangère, 1892.
L'Economiste, 1894, tome 2, p. 790 et 555 ; *passim*.
La Réforme sociale, octobre 1894.
Journal officiel ; *passim*.
Thaller. — Les faillites en droit comparé, tome I, p. 125 et s.
Revue des Deux-Mondes, février 1885.
Dictionnaire de l'Académie, au mot Crédit.
Dictionnaire de Littré, au mot Crédit.
Baudry-Lacantinerie. — Précis de droit civil, tomes 2 et 3, Larose et Forcel, Paris.
Montagnon. — Traité sur les sociétés de crédit foncier. Paris, Rousseau, 1886.
Josseau. — Traité du crédit foncier. Paris, 1872.
Journal le Figaro, 19 décembre 1896.
Demante. — Principes de l'enregistrement. Paris, Pichon, 1889.
Journal d'agriculture, 5 juin 1890.
Bulletin mensuel de l'Union des caisses rurales et ouvrières à responsabilité illimitée, *passim*, Lyon.
Claudio-Jannet. — Le socialisme d'État et la réforme sociale. Paris, Plon, 1890.
Léonce de Lavergne. — Economie rurale d'Angleterre et d'Ecosse. Paris, 1863.
Hippolyte Passy. — Des systèmes de culture.

INTRODUCTION

La question agricole préoccupe depuis près d'un siècle, économistes, publicistes et législateurs ; si l'on peut juger la difficulté d'un problème par le nombre de solutions qu'il comporte, on doit reconnaître que la question agricole est un des problèmes économiques les plus difficiles à résoudre. Les avis, les projets, les conseils, se sont multipliés à l'infini pendant ces dernières années ; les commissions d'enquête se sont succédé, et, malgré tout, la crise agricole a continué à sévir en France, aussi bien que dans toute l'Europe.

On donne le nom de crise agricole au malaise général qu'éprouve l'agriculture depuis près d'un siècle. La crise agricole n'est donc autre chose, que l'état maladif de l'agriculture française et européenne. Le mot crise est souvent employé dans un sens analogue ; c'est ainsi que l'on parle de crise commerciale, de crise financière. A la différence de ces dernières qui sont passagères, la crise agricole prend chaque jour un caractère regrettable de stabilité. Cet état alarmant a engagé les économistes à rechercher les causes du mal, et à proposer quelques remèdes.

Rappelons brièvement les causes de la crise agricole

et les remèdes que publicistes et économistes ont proposé d'y apporter.

Pendant de longues années, l'agriculteur était certain d'écouler facilement ses produits à la ville la plus proche de son centre d'exploitation. Maître du marché, il retirait toujours de la vente de ses denrées un petit bénéfice. Aujourd'hui, la situation a bien changé pour lui (1).

Depuis le commencement du siècle, les moyens de transport se sont développés, les communications sont devenues plus faciles en même temps que plus rapides. La création des chemins de fer, le perfectionnement de la navigation maritime et fluviale ont bientôt permis à l'agriculture étrangère de jeter ses produits sur le marché français. C'est ainsi que la concurrence des pays nouveaux porte un coup terrible à notre agriculture nationale.

Pendant que les cours fléchissent en cette circonstance, la main-d'œuvre agricole devient plus coûteuse (2).

L'ouvrier, le manœuvre, pour employer l'expression consacrée, demande une augmentation de salaire à

(1) V. exposé des motifs du projet de loi sur l'organisation du crédit agricole mobilier présenté par MM. de Mahy et Léon Say, *Officiel, Documents parlementaires*, août 1882, p. 471, n° 407.

(2) La quantité de blé que l'on peut acheter avec une journée de travail a quadruplé depuis Louis XIV, triplé depuis Louis XVI, et doublé depuis Napoléon. Risler, Crise agricole, *Revue des Deux-Mondes*, février 1884.

En 1854 la journée d'homme était de 0 fr. 80.

En 1894 elle est de 1 fr. 75.

l'exemple de l'ouvrier industriel. C'est ainsi que l'agriculteur, qui luttait déjà avec peine contre la production étrangère, voit son état s'aggraver. La France, fortement éprouvée par les guerres du premier empire, ruinée par celles du second, a besoin de relever son armée et de réorganiser l'outillage national. On augmente les charges fiscales pour faire face à ces besoins, et des impôts nouveaux viennent frapper cruellement l'agriculture. Que fait l'agriculteur devant la concurrence étrangère, l'augmentation du taux des salaires et des charges fiscales ? Il reste dans un état voisin de celui de l'inertie. Les moyens de culture se développent, les procédés d'exploitation changent, l'agriculteur conserve ses anciens procédés d'exploitation. Les chimistes font de nouvelles découvertes et trouvent les formules d'engrais chimiques ; le cultivateur toujours méfiant par tempérament préfère laisser son champ sans fumure. Les économistes peuvent prêcher la nécessité pour l'agriculture d'augmenter ses rendements pour abaisser ses prix de revient, quand un grand nombre de cultivateurs ne veulent pas encore reconnaître la supériorité de la culture intensive (sagement pratiquée et bien comprise) sur la culture extensive.

Il ne faudrait pas dire cependant, comme on le fait souvent, que la routine de l'agriculteur a été la cause première de la crise qu'il éprouve, et que s'il est dans un état voisin de la misère, il ne doit s'en prendre qu'à lui-même. L'entêtement du cultivateur serait sans excuse, et nous serions les premiers à le condamner, *s'il avait pu* dans tous les cas, changer ses modes de production et d'exploitation. *Bien souvent l'aurait-il voulu, il ne l'aurait pas pu.* On n'emploie pas des procédés nouveaux d'exploitation, on n'applique pas les dernières méthodes scientifiques sans avoir des avances, des capitaux.

C'est, en effet, le défaut de crédit à l'agriculteur qui a été pour beaucoup dans l'aggravation du mal agricole. C'est parce que l'agriculteur n'a pas de capitaux disponibles, qu'il n'a pas pu réaliser les réformes conseillées par les agronomes. Il est un fait que l'on doit constater, c'est que le cultivateur ne trouve plus aujourd'hui facilement du crédit. Les capitaux ne restent plus dans les campagnes ; ils émigrent vers les villes et les grands centres industriels. Les capitalistes préfèrent placer leur argent dans une entreprise industrielle ou commerciale plutôt que de le confier aux mains d'un agriculteur. Le cultivateur lui-même a pris l'habitude de porter ses économies à la ville plutôt que de les prêter à un de ses voisins (1). Les caisses d'épargne reçoivent l'argent des classes rurales et ne le rendent pas à l'agriculture (2). Le capitaliste recherche le titre et non

(1) C'est la même idée qu'exprimait M. Lecouteux dans le *Journal d'agriculture pratique*, 5 juin 1890. « Bref tel est l'état des choses que l'argent des campagnes va plutôt vers la ville que l'argent de la ville ne va vers la campagne. »

(2) Voir cependant *Officiel*, 20 juillet 1895, la loi sur les caisses d'épargne ; l'article 10 vise la décentralisation de l'épargne et per-

le placement agricole. Le résultat de l'absence de capitaux dans les campagnes est facile à prévoir : dans beaucoup de provinces, l'usure achève de ruiner l'agriculteur.

Concurrence étrangère, hausse des salaires, augmentation des charges fiscales, routine de l'agriculteur, défaut de crédit pour le cultivateur, telles sont les principales causes qui ont fait naître et qui prolongent la crise agricole. Le mal connu, examinons les remèdes proposés pour le guérir ; ils sont multiples, comme les causes qui ont engendré la crise. Cependant, il est possible de les grouper et d'en faire la synthèse.

Pour certains économistes, il n'y a qu'une question agricole qui se trouve résolue, soit par une réforme fiscale, soit par l'organisation du crédit agricole ; pour d'autres, au contraire, la solution de la crise n'est pas unique parce qu'on a devant soi un mal social.

Ce mal a en effet des racines beaucoup plus profondes que semblent le croire bon nombre de publicistes ; il réside dans nos penchants, dans nos mœurs, dans notre éducation (1). Autrefois le propriétaire rural aisé continuait à exploiter par lui-même sa petite propriété et à augmenter ses revenus par une sage exploitation. Si parfois il prenait un métayer ou un fermier, il con-

met aux caisses d'épargne sous certaines conditions de faire des prêts aux sociétés coopératives.

(1) La même idée était développée le 19 décembre 1896 dans un article du *Figaro* « sur la crise agricole ».

tinuait le plus souvent à vivre auprès d'eux, les aidant de ses conseils, et souvent de ses capitaux. L'agriculture n'avait qu'à gagner dans cette union du propriétaire et du fermier. Les choses ont bien changé aujourd'hui : le petit propriétaire qui possède quelques avances, quitte sa propriété pour se retirer dans la ville voisine, emportant avec lui son expérience de bon cultivateur et ses capitaux. On s'élève depuis longtemps contre l'attrait qu'inspire aux habitants des campagnes la pensée de vivre dans les villes (1). Un mot nouveau « l'absentéisme » a même été créé pour désigner la situation d'abandon dans lequel se trouve la campagne. Ce n'est pas seulement le propriétaire rural qui fuit vers la ville, mais c'est encore le fils du fermier, la fille du métayer qui s'en vont au chef-lieu de canton et d'arrondissement, espérant avec une instruction souvent rudimentaire, trouver une situation supérieure à celle qu'ils possédaient. Un bon nombre de moralistes s'élèvent alors contre l'instruction obligatoire ; selon eux, c'est ellè qui a été la cause d'une partie du mal agricole, de l'absentéisme. Il y a une exagération évidente dans cette théorie. Si l'instruction obligatoire a apporté des modifications profondes dans l'état actuel de la société, si parfois même, elle a produit des résultats fâcheux, il n'en résulte pas que l'on doive la con-

(1) En 20 ans, de 1862 à 1882, la population agricole prise en bloc a diminué de 6 0/0. — D. Zolla, *Questions agricoles d'hier et d'aujourd'hui*, tome II, p. 272, 1895, Félix Alcan, Paris.

damner comme le font les moralistes dont nous combattons les théories. Le passage brusque pour un peuple, de l'esclavage à la liberté, occasionne le plus souvent des perturbations violentes et des révolutions sanguinaires. Personne cependant n'oserait soutenir que l'état d'esclavage est préférable à celui de la liberté. Que diriez-vous d'un malade qui refuserait de prendre les remèdes qui lui rendraient la santé sous prétexte que ces remèdes le feront souffrir pendant quelques instants? Il en est ainsi de l'instruction ; elle peut produire encore quelques troubles dans notre organisation sociale, mais peu à peu le calme se rétablira. L'homme instruit qui fuit actuellement la campagne, y reviendra lorsqu'il se sera rendu compte des difficultés et des déboires de la vie urbaine. La bourgeoisie qui, depuis longtemps, n'allait à la campagne que pour y toucher ses fermages revient à des idées plus saines. Elle commence à s'occuper des choses agricoles et à vouloir faire de ses enfants de bons agriculteurs.

C'est une tendance que nous sommes heureux d'enregistrer et qui doit être encouragée. Nous croyons en effet que la crise agricole serait bien vite terminée, si deux forces, comme le capital et l'intelligence, revenaient dans les campagnes. Mais les mœurs, les tendances des classes, les habitudes d'un peuple, se transforment bien lentement et les moyens qui peuvent influencer et activer ce changement désirable sont bien peu efficaces. On comprend donc que des auteurs distingués proposent des solutions plus hardies et plus radicales.

Un bon nombre d'économistes, considérant que la crise agricole a pour cause prédominante la mauvaise répartition des impôts, demandent la modification de l'assiette des charges fiscales. D'après eux, l'agriculture souffre et ne peut se rétablir parce qu'on l'écrase d'impôts. Le seul moyen de rendre à l'agriculture son ancienne prospérité serait de remanier d'une façon complète le mode de répartition des impôts. Cette refonte générale des impôts demanderait une foule d'autres modifications et appellerait des réformes profondes. Aussi les partisans de ce système demandent-ils la réforme du cadastre, du régime foncier et du régime hypothécaire. Il faut reconnaître, sans rien exagérer, la part de vérité que contient la solution proposée. La propriété mobilière paie moins d'impôts que la propriété immobilière. D'après M. Leroy-Beaulieu (1), la propriété rurale est imposée de 30 0/0 de son revenu tandis que la propriété mobilière ne l'est que pour 11,46 0/0. Daniel Zolla (2) donne le chiffre de 12 0/0 du revenu et M. Méline, dans son discours sur le budget du 7 juillet 1896, nous annonce que « l'agriculture paie 27 0/0 de son revenu et les valeurs mobilières 10 à 12 0/0 ». Ces chiffres sont assez éloquents, ils n'ont pas besoin de commentaire. Il serait donc désirable que la répartition des impôts soit faite d'une façon plus équitable, et nous sommes les premiers à réclamer pour

(1) *Economiste français* du 7 juillet 1880.

(2) *Questions agricoles d'hier et d'aujourd'hui*, tome II, p. 158.

l'agriculture l'égalité devant l'impôt. Mais cette nouvelle répartition faite au gré des économistes dont nous parlons, nous ne croyons pas que cette réforme générale de l'impôt soit susceptible de mettre fin à la crise agricole.

D'autres économistes ont été frappés par la simplicité du raisonnement suivant : L'agriculteur ne peut pas lutter contre la concurrence étrangère, ni abaisser la main-d'œuvre agricole, ni changer les modes d'exploitation faute de capitaux, faute de crédit ; donnons-lui ces capitaux qui lui manquent. La crise agricole se trouvera ainsi résolue par l'organisation du crédit agricole. C'est à cette conception de la question agricole que se rattachent toutes les propositions et les projets tendant à l'organisation et à la création d'établissements spéciaux chargés de procurer de l'argent aux meilleures conditions à l'agriculture. Ce système a actuellement de nombreux partisans. Il a même réussi à faire voter par le parlement la loi du 5 novembre 1894 sur les sociétés du crédit agricole. Nous croyons que le législateur a confondu les limites de la question agricole avec celles du crédit des cultivateurs. Le crédit rendu à l'agriculteur peut améliorer comme la réforme fiscale la situation du cultivateur, mais il est imprudent et dangereux de dire qu'il donnera à nos campagnes une prospérité complète. Il peut enrayer le mal, il ne saurait le guérir.

Telles sont brièvement résumées les solutions données par les économistes et les publicistes sur la question agricole. Nous ne parlerons pas ici des améliorations fiscales souhaitables, ni des moyens les plus propices pour ramener les travailleurs à la campagne. Notre but sera plus modeste, notre travail plus restreint. Nous chercherons à poser quelques principes sur l'organisation du crédit agricole.

CHAPITRE PREMIER

DU CRÉDIT. — LE CRÉDIT ET LE CRÉDIT AGRICOLE. — LE CRÉDIT AGRICOLE ET LE CRÉDIT FONCIER. — DÉFINITION DU CRÉDIT AGRICOLE. — SON UTILITÉ.

Le mot crédit signifie « réputation d'être solvable et de bien payer, qui fait que l'on trouve aisément à emprunter (1) ». Il se dit aussi de « la disposition des détenteurs de capitaux à faire l'avance à ceux qui les demandent (2) ». En tenant compte de l'étymologie du mot crédit *credere* on peut dire que le crédit est la confiance qu'inspire un débiteur à son créancier.

Le lien de droit, le *vinculum juris* des Romains, qui astreint le débiteur envers le créancier porte le nom d'obligation. Pour être immatériel, comme tous les droits, ce lien n'en est pas moins résistant. Celui qu'il enchaîne ne peut en général le rompre qu'en faisant ce qu'il a promis de faire : en payant. Le paiement peut se faire au moment même où l'obligation prend naissance, de telle sorte que l'obligation meurt en naissant ; mais le paiement peut aussi être différé de quelques jours, de quelques semaines, de quelques années même. Dans

(1) Dictionnaire de l'Académie, mot *Crédit*.
(2) V. Littré, *Dictionnaire*, mot *Crédit*.

le premier cas on dira qu'il y a opération au comptant, dans l'autre que l'opération est à terme.

L'opération au comptant exclut toute idée de confiance du créancier dans le débiteur ; elle est un véritable troc, régi par le principe un peu brutal du « donnant donnant ». On peut même dire sans exagération qu'elle sera ordinairement une preuve manifeste de la méfiance du créancier à l'égard du débiteur. L'opération à terme a un caractère bien différent ; elle repose sur l'idée de confiance, de crédit accordé par le créancier. On trouve, en effet, dans tout contrat à terme, une certaine éventualité sur le résultat de l'opération. Cette éventualité fait courir pour le créancier les risques toujours graves de l'insolvabilité du débiteur. Les risques encourus par l'un constituent le crédit pour l'autre. On peut donc ériger en principe que, « *là où il y a risques, il y a crédit* ».

Mais les risques encourus par le créancier peuvent être plus ou moins grands, et les chances d'insolvabilité du débiteur, plus ou moins nombreuses. On peut constater une échelle de gravité dans les risques ; dans telle opération, les risques seront réduits au minimum, et il y aura alors une présomption presque absolue de paiement ; dans un autre contrat, la part d'aléa pourra être énorme. Nous allons pouvoir constater ces variations de gravité dans les risques, et l'étendue du crédit accordé, en passant en revue trois groupes d'opérations bien distinctes (1) :

(1) Cauwès, *Cours d'économie politique*, tome II, p. 257.

1° Il s'agit d'un prêt à usage, d'un louage ou d'un dépôt. Le commodant, le bailleur et le déposant font une opération commune ; ils livrent à une personne tantôt une chose mobilière, tantôt une chose immobilière en s'en réservant la propriété. On comprend facilement que, dans ces hypothèses, le crédit accordé par le créancier repose sur une très grande probabilité de paiement.

2° Le créancier n'a pas, en même temps, le droit de se dire propriétaire, mais certains biens du débiteur sont destinés à garantir la solvabilité de ce dernier. Il y a alors crédit réel, nantissement ou hypothèque. On dit aussi que le créancier a obtenu des sûretés réelles de son débiteur. Les risques sont déjà plus graves que dans la classification précédente. A l'échéance du terme concédé, et en cas d'insolvabilité du débiteur, le créancier gagiste ou hypothécaire aura, il est vrai, le droit de se faire payer par préférence, sur les meubles donnés en gage, ou sur les immeubles hypothéqués ; mais il peut arriver, que le meuble ait perdu une partie de sa valeur avec son utilité, d'autres créanciers hypothécaires pourront être inscrits avant notre créancier, qui supportera alors l'insolvabilité du débiteur. Cependant si des risques existent pour le créancier, en cas de gage et d'hypothèque, ils ne sont pas encore bien considérables; on peut même dire qu'un créancier gagiste ou hypothécaire quelque peu prudent, peut avoir une certitude complète du paiement.

3° A défaut de biens spécialement affectés à la garantie de la créance, le créancier a pour gage, la masse des biens et la personne du débiteur. Un grand nombre de contrats sont faits *intuitu personæ* en considération des biens du débiteur et de sa personne, de ses qualités d'ordre, de travail et d'économie. C'est alors que le créancier court les plus grands risques ; rien ne lui est plus facile que de se tromper sur les qualités présumées de son débiteur, et la valeur de sa fortune. Les opérations faites et les obligations garanties par la masse des biens, et la personne du débiteur, constituent pour ce dernier le crédit personnel. Mais le crédit personnel est bien limité même pour les personnes dont la solvabilité est notoire ; aussi depuis longtemps, la base du crédit a été élargie, grâce à la mutualité, à l'association et à la solidarité. Il conviendrait peut-être d'étudier à cette place, le rôle et l'influence de la solidarité et de la mutualité sur le crédit ; nous laisserons, pour quelques instants, cette question dans l'ombre, pour la traiter plus loin lorsque nous parlerons de l'organisation du crédit agricole au moyen des associations de personnes.

Jusqu'ici, nous n'avons parlé que du crédit *lato sensu* en disant, de celui qui bénéficie de la confiance du créancier, qu'il a du crédit. Cependant, en nous approchant un peu plus près de la réalité des faits, en examinant à qui, et pour quel usage, le crédit a été accordé, nous dirions tantôt qu'il y a « crédit commercial, crédit industriel, crédit colonial, crédit maritime, crédit agricole. » Que le crédit soit commercial ou industriel, etc., c'est toujours le crédit comme nous l'avons défini, c'est-à-dire la confiance accordée à un débiteur par un créancier (1) ; mais ici ce crédit est accordé à une personne exerçant un métier déterminé pour un usage de sa profession. Il ne suffit pas qu'un prêt soit fait à un commerçant ou à un industriel pour qu'il y ait « crédit commercial ou industriel », il faut encore que le capital prêté soit employé à des opérations commerciales ou industrielles. Ce n'est donc pas la qualité de l'emprunteur qui détermine la nature du crédit, mais l'emploi du capital emprunté.

En poursuivant notre raisonnement, en appliquant le critérium présenté par nous, nous serions amenés à dire qu'il y a crédit agricole, quand un prêteur donne un capital à un agriculteur, en vue d'une destination agricole. Ce serait là une erreur grave, contre laquelle il faut nous prémunir. Nous confondrions deux institutions différentes : le crédit agricole et le crédit foncier.

En examinant les faits avec quelque attention, on n'est pas longtemps sans constater que les capitaux prêtés à un agriculteur peuvent prendre deux routes bien différentes. Un agriculteur possède des terres incultes, ses champs sont malsains et les eaux produisent chaque année une diminution sensible dans la récolte.

(1) Aussi dans une de ses boutades, M. Dupin pouvait-il s'écrier : « Je ne sais ce que c'est que tous ces crédits-là, je n'en connais qu'un, le crédit. »

A tel autre propriétaire il manque des bois dans son domaine, à un autre des prés ; c'est encore un petit propriétaire qui veut acheter le champ de son voisin pour augmenter sa petite exploitation. Dans toutes ces hypothèses, les améliorations souhaitables et désirables sont des améliorations foncières ; si donc l'agriculteur emprunte à un capitaliste les fonds nécessaires pour accomplir ces transformations ou acquisitions, les sommes empruntées vont augmenter ou créer un capital foncier. Ce capital foncier ne sera autre que la plus-value plus ou moins grande apportée au domaine primitif par les améliorations effectuées. Bien souvent aussi, l'agriculteur qui empruntera, qui demandera crédit, aura des visées moins hautes et un but plus modeste. Il s'agira pour lui, non pas d'acheter une terre, mais des engrais ou des semences. Il aura besoin d'acquérir quelques têtes de bétail, ou quelques outils aratoires nouveaux. Dans tous ces cas, l'argent emprunté augmentera seulement le capital d'exploitation et non le capital foncier. A la différence des améliorations foncières, l'amélioration du capital d'exploitation se fera plus rapidement sentir. Et si nous supposons que cette amélioration du capital d'exploitation a été faite par un fermier, nous dirons que ce fermier est appelé à retrouver dans ses revenus de l'année, la somme dépensée pour ces améliorations. Celui qui fait des améliorations foncières, ne retrouve le capital employé qu'après de longues années.

La ligne de démarcation qui existe entre le crédit agricole et le crédit foncier est donc bien marquée. « Le crédit foncier sert à constituer ou à augmenter le capital foncier ; le crédit agricole sert à constituer ou à augmenter le capital d'exploitation (1). »

Les publicistes et les économistes n'admettent pas tous le critérium proposé par M. Cauwès : M. Durand considère que la longueur du terme accordé à l'agriculteur pour le remboursement du capital emprunté peut servir de base à une division bien marquée. Les opérations de crédit foncier seraient toujours faites à long terme, tandis que celles de crédit agricole comprendraient un terme toujours très court. Nous ne saurions admettre cette opinion qui nous paraît fausse par son caractère de généralité.

Il est vrai, sans doute, que le plus souvent, un prêt à long terme constituera une opération de crédit foncier. Mais, comme le fait remarquer un auteur (2), on peut fort bien imaginer un prêt concédé à long terme pour améliorer le capital d'exploitation.

D'autres auteurs proposent encore une autre classification, basée sur la nature des sûretés données au créancier. Dans une opération de crédit foncier, le créancier exigerait toujours des sûretés immobilières, tandis que dans une opération de crédit agricole, il se contenterait soit d'un gage mobilier, soit de la foi du dé-

(1) Cauwès, *Cours d'économie politique*, tome II, p. 441.
(2) Thouillon, Thèse, p. 93.

biteur. C'est encore là une opinion que nous n'admettons pas. On peut, sans difficulté, concevoir un prêt fait pour une opération foncière et qui sera cependant garanti par un gage mobilier. De même, on ne voit pas pourquoi un agriculteur qui emprunte une somme pour augmenter son capital d'exploitation, ne pourrait pas garantir le prêt en concédant une hypothèque au capitaliste. Que ce ne soit pas là le procédé employé ordinairement dans le premier comme dans le second cas, nous le reconnaissons, mais il n'en est pas moins vrai que les opérations de ce genre se présentent parfois dans la pratique. Ce qui nous suffit pour repousser la classification proposée.

Mais si nous nous refusons à reconnaître fondées les deux classifications proposées, si nous ne voulons pas prendre pour critérium la longueur du terme ou les sûretés données, nous sommes les premiers à admettre que le plus souvent, les opérations de crédit foncier seront faites à long terme et garanties par des hypothèques, et qu'ordinairement, les opérations de crédit agricole auront un terme rapproché, et une garantie mobilière ou personnelle. Nous regardons donc le terme et les sûretés, comme deux éléments secondaires qui viennent faciliter, fortifier et préciser la définition que nous pouvons donner du crédit agricole.

Le crédit agricole est un crédit ouvert à l'agriculteur, sur la foi de sa parole ou des gages mobiliers qu'il peut offrir, en vue de développer ou de créer son capital d'exploitation (1).

Mais il ne suffit pas de définir le crédit agricole, il faut encore montrer qu'il n'est pas une utopie, une chimère dangereuse ; il faut prouver en un mot son utilité. Il peut sembler bizarre de vouloir établir cette preuve ; chacun ne se plaît-il pas à reconnaître aujourd'hui, que le crédit est la force de l'industrie et du commerce. L'objection paraît juste. Cependant, un certain nombre d'économistes, tout en reconnaissant l'utilité du crédit pour l'industriel et le commerçant, refusent de l'admettre pour l'agriculteur. M. Claudio Jannet est un des partisans de cette théorie. « Sans doute, écrit cet auteur (2), l'agriculteur ne trouve pas facilement à emprunter, mais est-ce bien à souhaiter ? Les entreprises les plus solides, surtout les petites, sont celles qui se développent par leurs bénéfices et sur leurs réserves. »

Dans une discussion au Sénat belge, M. Léonce de Lavergne (3) nous raconte qu'un des membres de cette assemblée, M. Lammens, donnait ce conseil aux agriculteurs « surtout n'empruntez pas ». Pour ces auteurs, un paysan qui s'endette est un homme qui court à une ruine certaine. On ne saurait admettre cette théorie dans sa généralité, mais on pourra voir bientôt la part

(1) V. *Études sur les sociétés de crédit foncier*, par Montagnon, nº 161.

(2) Claudio Jannet, *Socialisme d'État*, p. 408.

(3) *Economie rurale d'Angleterre*, p. 112.

de vérité qu'elle contient, et la confusion qui a permis à ces auteurs d'émettre une opinion aussi absolue.

Nous disons que le crédit agricole est utile, qu'il est nécessaire, parce qu'il correspond à un besoin réel de l'agriculteur, celui d'augmenter ou de créer son capital d'exploitation. Cette affirmation a besoin de démonstration.

Un petit cultivateur achète un petit domaine avec les modestes économies qu'il a pu faire, en se plaçant à gage chez autrui ; il acquiert ainsi un capital foncier, aura-t-il toujours un capital suffisant lui permettant d'exploiter ce capital foncier ? Assurément non. En supposant qu'il trouve dans ce domaine quelques outils agricoles indispensables, ces outils seront ordinairement en très mauvais état et toujours fort insuffisants. Notre petit propriétaire sera donc obligé d'acquérir et de compléter son matériel agricole, et si nous admettons qu'il a employé la plus grande partie de ses avances à l'acquisition du domaine, on comprend de quelle utilité sera pour lui le crédit. Mais, dira-t-on, il est fort rare qu'un domaine ainsi acheté, se présente sous un jour aussi défavorable ? Soit. L'acquéreur commencera donc à exploiter ses terres avec les outils qu'il a pu trouver en parfait état dans l'exploitation. Cependant la science agricole fait chaque jour des progrès ; les modes d'exploitation changent, le matériel a besoin d'être renouvelé. On ne saurait nier le profit que le cultivateur trouvera dans quelques avances faites à crédit lui permettant d'opérer ces transformations devenues nécessaires.

Passons à un ordre d'idées différentes. Un cultivateur ne possède que deux paires de bœufs, et ce nombre d'animaux de trait est complètement insuffisant, pour l'étendue de terrain à exploiter. Le labourage se fait mal, la récolte est par suite moins abondante ; mais le propriétaire n'a pas de capital disponible, il ne pourra donc modifier cet état de choses déplorables. Ici, c'est un paysan qui laissera se perdre une partie du purin de ses étables, parce qu'il n'a pas suffisamment de paille qui lui permettrait de faire d'excellents engrais. Ailleurs vous verrez des pâturages contenant trois ou quatre têtes de bétail quand ils pourraient en nourrir trois ou quatre fois plus (1). Peut-on dire que le crédit ne rendrait pas à ce paysan, à cet éleveur de grands services ? Enfin, et ceci est un phénomène qui nous frappe par sa généralité, le cultivateur qui n'a pas quelques avances se voit forcé de vendre ses produits à date fixe, la récolte une fois terminée. Le marché est alors encombré de produits, et la loi de l'offre et de la demande trouvant une fois de plus son application, il en résulte une baisse de prix. Le pauvre paysan se voit cependant dans l'obligation de vendre, et d'éprouver parfois un préjudice considérable, pour n'avoir pas pu trouver un peu de crédit qui lui aurait permis d'attendre une époque meilleure pour écouler ses produits (2).

(1) Durand, *Le crédit agricole*, p. 61 et s. Paris, Marescq, 1891.
(2) Commission d'enquête de 1866.

Mais si le crédit est utile à l'agriculteur, aussi bien qu'à l'industriel et qu'au commerçant, il n'en résulte pas que, dans tous les cas où un cultivateur empruntera, il y aura pour lui profit réel et certain. Il y a, en effet, une limite à l'utilité du crédit, limite qu'il faut connaître sous peine de courir à un échec certain. Quelles sont donc les bornes qu'un agriculteur intelligent ne doit pas dépasser ? La réponse à cette question ainsi posée, est loin d'être simple, car, comme tout problème économique, elle peut et doit varier suivant les circonstances. Cependant, il nous semble bon de poser en principe les deux règles suivantes :

1° *L'agriculteur doit toujours viser à obtenir le maximum de produit net.*

2° *L'agriculteur ne doit pas donner aux capitaux empruntés une destination autre que celle pour laquelle il a emprunté.*

1° L'agriculteur doit toujours viser à obtenir le maximum de produit net, c'est-à-dire de profit. On sera tenté de voir dans ce principe ainsi exprimé, une naïveté banale qui ne saurait souffrir contradiction. Il est cependant utile de poser ici cette règle, lorsqu'un parti important parmi les économistes cherche à faire triompher un principe opposé : celui du maximum du produit net. Qu'entend-on donc dire, lorsque l'on parle de la théorie du produit brut et de celle du produit net ? M. Hippolyte Passy (1), partisan du « produit net »,

(1) Hippolyte Passy, *Des systèmes de culture*, p. 90.

s'exprime en ces termes : « c'est dans l'élévation du profit ou du produit net, c'est-à-dire dans la valeur représentée par la portion du produit brut obtenu en excédant les frais de production, que se trouve le véritable critérium de la bonté des divers modes de travail, la mesure certaine de leur puissance productive ». Voilà donc « le produit net » défini ; nous dirons alors qu'un emprunt est utile à un agriculteur lorsqu'il augmente le produit net de son exploitation. Le cultivateur qui cherchera à emprunter, devra donc se poser la question suivante avant de demander des capitaux : « L'emprunt que je vais contracter me donnera-t-il une augmentation dans mes revenus nets ? » Sans doute il lui sera parfois difficile de répondre d'une façon très affirmative ; mais cette incertitude se rencontre toujours à quelque degré dans une opération à crédit. Son expérience et sa connaissance des affaires, lui permettront souvent de prévoir une bonne ou une mauvaise opération, et l'engageront par suite à emprunter ou à ne pas emprunter.

Les partisans du produit brut, tiennent à peu près ce langage à l'agriculteur : « Vous avez un champ qui produit 30 hectolitres de blé, et qui pourrait donner 40 hectolitres, empruntez donc pour acheter des fumures qui vous permettront d'élever votre production à 40 ou 45 hectolitres » ; l'agriculteur emprunte, et souvent il se ruine. Il est en effet dangereux de pousser le cultivateur dans la production à outrance, et faux de dire que le maximum de production donne toujours un maximum de revenus. On oublie en effet trop souvent que la production agricole se trouve limitée par le débouché ; on ignore, que le besoin de consommation n'augmente pas avec une production forcée.

2° L'agriculteur ne doit pas donner aux capitaux empruntés une destination autre que celle pour laquelle il a emprunté. C'est pour avoir méconnu ce principe fondamental, qu'un bon nombre d'agriculteurs ont trouvé leur ruine dans l'emprunt. Nous croyons en effet, que le petit cultivateur ne doit emprunter que pour créer ou augmenter son capital d'exploitation, mais non pour créer ou augmenter son capital foncier. Aussi un auteur a-t-il pu écrire (1) : « Le grand fléau de la propriété, c'est la dette, non pas celle qui a été contractée pour faire valoir son bien et qui est presque toujours avantageuse, quoique rare, mais celle de beaucoup plus commune, qui porte sur le fonds lui-même et qui laisse le propriétaire nominal sans ressources pour l'entretenir en bon état. » Il nous semble inutile d'insister sur l'habitude qu'a le paysan de vouloir acquérir ou augmenter son capital foncier en empruntant. Il suffit d'avoir vécu au milieu de la population rurale, pour se souvenir de quelque opération faite par un petit cultivateur empruntant à 5 ou 6 0/0 pour acheter un champ qui ne lui rapportera que 4 ou 3 1/2 0/0 ! Malheureuse-

(1) Léonce de Lavergne, *Ec. rurale d'Angleterre*, p. 112.

ment, il faut le reconnaître, les opérations de ce genre sont encore fort nombreuses (1). Aussi en présence des ruines qu'elles ont accumulées, on comprend et excuse l'opinion un peu absolue de M. Jannet niant l'utilité du crédit agricole. Cet économiste, et les partisans de son système, ont condamné par le même anathème le crédit accordé pour des améliorations foncières, et le crédit permettant de créer ou de développer l'exploitation d'un fonds rural. Le premier est toujours dangereux, le second est d'une réelle utilité. Nous dirons donc avec ces auteurs aux agriculteurs : « N'empruntez jamais, mais nous ajouterons bien vite pour compléter notre pensée, n'empruntez jamais en vue d'acquérir un capital foncier. »

(1) M. Thaller tout en reconnaissant l'utilité du crédit pour l'agriculteur constate qu'ordinairement les ressources qu'il peut en retirer, lui servent à satisfaire sa passion pour la terre plutôt qu'à acheter des engrais. V. Thaller, *Annales de dr. commercial*, p. 177, année 1889.

CHAPITRE II

LE CRÉDIT PERSONNEL DE L'AGRICULTEUR ET LA « COMMERCIALISATION ».

Le crédit agricole, comme le crédit commercial et industriel, peut être réel ou personnel.

Le crédit réel, est celui qui comporte l'assujettissement d'un bien spécial à la garantie de la dette contractée par le débiteur. On a l'habitude de dire, dans ce cas, que le débiteur donne une sûreté réelle à son créancier.

L'organisation du crédit réel de l'agriculteur, a fait depuis quelques années l'objet de nombreuses propositions de loi ; les unes demandent l'établissement d'un contrat de gage spécial, le gage sans dessaisissement, d'autres la constitution de privilèges spéciaux (privilège sur les récoltes pendantes et les coupes de bois de l'année, privilège du marchand d'engrais) ; un certain nombre de publicistes réclament encore la création de magasins généraux agricoles. Tous ces projets, toutes ces théories spéciales, ont fait l'objet d'études nombreuses et approfondies ; aussi laisserons-nous en dehors de notre travail la discussion de l'organisation du crédit réel de l'agriculteur pour ne nous occuper que de son crédit personnel et des moyens susceptibles de le fortifier.

Le crédit est personnel, lorsqu'il a seulement pour base, la confiance qu'inspire la personne de l'emprunteur. On dit alors que le créancier s'est contenté du droit de gage général, que l'article 2092 du Code civil lui accorde sur les biens de son débiteur. Dans ce cas, la confiance du créancier est déterminée exclusivement par la probité, la capacité et les qualités d'ordre et d'économie de l'agriculteur. Il est facile de comprendre qu'un crédit qui a pour fondement des gages aussi fragiles se trouve enfermé dans des limites toujours assez restreintes. Cependant un fait fort simple en soi a frappé un bon nombre d'économistes ayant souci d'augmenter le crédit de l'agriculteur. Le crédit personnel du commerçant a une puissance beaucoup plus grande et une sphère d'application beaucoup plus générale que celui de l'agriculteur. Ces auteurs ont alors cherché quelles pouvaient bien être les causes de cette différence si singulière, et ont cru la trouver dans la différence des législations qui régissent le commerçant et l'agriculteur. Donnons, disent-ils, la même législation à l'agriculteur qu'au commerçant, et nous établirons ainsi le crédit personnel de celui-là. Ces théories ayant pris corps, on a demandé la « commercialisation » de l'agriculteur. Il importe de voir si un pareil changement est désirable.

Dans l'état actuel de notre législation, les rapports

contractuels comprennent deux catégories d'actes : il y a les actes civils qui sont régis par des règles formant le droit commun, et les actes commerciaux qui jouissent d'un régime de faveur et d'exception au double point de vue de leur naissance et de leur sanction. Les jurisconsultes ont cherché longtemps à l'aide de quel critérium tel acte avait été placé dans la catégorie des actes commerciaux, tel autre dans celle des actes civils. Les uns ont voulu reconnaître la commercialité au caractère de spéculation de l'acte envisagé en soi ; théorie fausse, car le signataire d'une lettre de change n'a pas l'intention de faire une spéculation. D'autres enfin ont donné comme critérium le caractère d'entremise.

Le mieux est, croyons-nous, de s'abstenir de toute recherche à ce sujet. « La vérité est qu'il n'existe pas de caractère distinctif commun à toutes les opérations qualifiées par la loi, d'actes de commerce. Ce sont souvent des opérations que le législateur a voulu soustraire à l'application du droit civil pour des raisons de pure utilité pratique » (1). Le Code de commerce a en effet été imposé par les nécessités de la pratique. Les affaires commerciales se traitent avec rapidité, et se multiplient dans une journée : vouloir forcer un commerçant à aller chez un notaire pour faire la moindre vente, ou contracter le moindre prêt, était chose impossible. Il fal-

(1) Lyon-Caen, *Précis de droit commercial*, p. 25.

lait lui donner des formes plus expéditives pour contrâcter, des juridictions spéciales et plus rapides. C'est ainsi que la séparation de l'ordre civil et de l'ordre commercial, est sortie des faits.

Les articles 632 et 633 du Code de commerce se sont ainsi contentés d'une énumération indiquant les actes devant être considérés comme commerciaux, et l'article 638 exclut formellement de cette classe les actes agricoles.

Le Code de commerce n'a fait que consacrer les idées de l'époque sur cette catégorie d'actes, et appliquer le principe qui excluait l'exploitation agricole du nombre des opérations commerciales. La question aujourd'hui ne serait pas si vite tranchée ; on peut se demander si les agriculteurs n'ont pas quelque droit de se prétendre des industriels, et de demander pour eux l'application de la loi commerciale. Une classification, telle que celle des actes en actes civils et actes commerciaux, qui n'a pour fondement que des raisons d'utilité pratique, ne saurait être une classification fixe et immuable (1). Aussi l'agriculteur qui avait été exclu de la classification commerciale, demande à y rentrer, en invoquant les mêmes raisons pratiques qui avaient fait donner aux commerçants un droit spécial. Il s'agit de savoir si ces prétentions sont fondées, en examinant, d'un œil atten-

(1) Un bon nombre d'auteurs réclament l'unification du droit par la généralisation du droit commercial ; voir un article fort intéressant paru dans les *Annales de droit commercial*, année 1893, C. Vivante et V. Yseux — Un code unique des obligations. V. aussi *Annales de droit commercial*, année 1894, p. 237 et s.

tif, les raisons pratiques qui semblent militer en faveur des desiderata de l'agriculture.

On est obligé de reconnaître que l'agriculture n'est plus dans la situation où elle se trouvait lors de la promulgation du Code de commerce. Ses procédés de culture et ses besoins se sont multipliés et modifiés d'une façon très sensible depuis un demi-siècle ; le paysan d'autrefois a vécu pour faire place à un homme nouveau, travaillant non pour se nourrir et se vêtir, mais pour échanger ses produits contre les objets nécessaires à son existence. Du même coup, le travail des champs devenait une véritable exploitation ; il prenait au commerce et à l'industrie leurs procédés, perfectionnait ses instruments, achetait des engrais, s'organisait pour produire beaucoup et vite. La ferme n'est plus comme autrefois la maison paisible habitée par toute une même famille ; elle est devenue une véritable petite manufacture avec ses outils perfectionnés et son personnel nombreux. Les transactions, soit qu'il s'agisse de matières premières, de machines ou de vente de produits, s'étant multipliées à l'infini, le besoin s'est fait sentir de les pouvoir faire simplement pour les faire vite et sans frais. Et c'est en cela que sur plus d'un point le droit civil pourra sembler ne plus répondre aux besoins de ce nouvel état de choses. Entre tous les griefs, les lenteurs et les frais de la juridiction civile sont donnés comme un véritable épouvantail pour les capitaux. Ne voyez-vous pas, dit-on, que le commerce doit sa prospérité, son crédit à sa façon simple, sûre, expéditive de régler les affaires, à son affranchissement de tout formalisme, à sa juridiction, enfin à la sévère faveur de la faillite donnant une garantie au créancier contre la mauvaise foi de son débiteur ? La loi doit faire bénéficier l'agriculture de ces formes spéciales, en assimilant l'agriculteur au commerçant : de là est née la théorie de la commercialisation.

La théorie de la commercialisation se présente à nous sous trois formes distinctes :

1° La commercialisation absolue ;

2° La commercialisation relative ;

3° La commercialisation facultative.

1° *La commercialisation absolue.*

Les promoteurs de ce système demandent l'assimilation complète de l'agriculteur au commerçant ; l'agriculture doit jouir des mêmes faveurs et prérogatives que le commerce, et être soumise aux mêmes obligations. Ces auteurs ont été frappés, vivement, trop vivement peut-être, de la transformation rapide de la condition dans laquelle se trouve aujourd'hui notre agriculture. C'est en exagérant les faits qu'ils ont été amenés à soutenir une opinion aussi absolue. Il n'y a commerce *lato sensu* que dans le cas où l'on trouve un ensemble d'opérations, une masse d'affaires qui constamment se renouvellent, et dont il faut absolument faciliter l'écoulement ; or pour le plus grand nombre des cultivateurs, le courant d'affaires n'est guère qu'une source intermittente, et c'est une exagération inconcevable, de voir un commerce dans leurs transactions, rares, lentes et espacées. On peut donc nier que les formes expéditives du commerce soient nécessaires, quand il n'y a rien à accélérer. Une bonne partie de notre agriculture française n'a pas cette circulation active et continue qui fait la force de l'industrie et du commerce (1). A cette classe, l'assimilation de l'industrie, inexacte en fait, serait parfaitement inutile. On ne peut législativement donner à des individus un crédit dont ils n'offrent pas les garanties. A côté de ces cultivateurs, il y a une classe d'agriculteurs qui ont des exploitations rurales considérables fonctionnant avec un gros capital et possédant toutes les allures de l'industrie manufacturière. Il serait peut-être utile et désirable, d'accorder à cette classe les mêmes droits, et de leur imposer les mêmes devoirs qu'au commerçant (tenue de livres, juridiction, faillite). Nous aurons bientôt l'occasion de revenir sur ce point. Pour l'instant, il nous suffit de constater qu'il y a un bon nombre d'agriculteurs qui ne sont pas des commerçants, et auxquels il serait bien difficile, sinon impossible, d'appliquer les règles du droit commercial (2).

(1) Jules Jeanneney, thèse, p. 122 et s.

(2) Lyon-Caen, *Précis de droit commercial*, I, p. 50.

Cependant il faut faire remarquer que la législation de la Grande-Bretagne ne distingue pas entre le commerçant et le non-commerçant. L'agriculteur est justiciable des tribunaux de droit commun et soumis aux règles de la faillite.

2° *Commercialisation relative.*

Pour les partisans de ce système le mot « commercialisation » signifie attribution aux Tribunaux de commerce des litiges soulevés à propos des engagements agricoles, ce qu'ils demandent, c'est un changement de juridiction. On veut ainsi donner à l'agriculteur, par une entente au moins bizarre, tous les avantages du commerçant sans lui en imposer les charges. Il jouirait des bienfaits de la juridiction commerciale sans être soumis au régime de la faillite, et à l'obligation de tenir des livres de commerce. Quand on connaît les protestations indignées de l'agriculture contre l'infériorité injuste où la loi la tient à l'égard du commerce, il est assurément curieux d'écouter ses prétentions ; la commercialité avec tous ses avantages sans aucune de ses charges ! Singulière pratique de l'égalité ! Mais, reproche plus grave ; quel est, en dernière analyse, le but poursuivi par les partisans de la commercialisation relative ? Ils veulent procurer et faciliter le crédit à l'agriculteur, en rendant l'exécution des engagements agricoles souscrits en valeur à ordre, à la fois plus simple et plus rapide. Mais qui expliquera comment on a pu supposer à la procédure sommaire en usage devant les Tribunaux de commerce, cet effet magique de faire accepter, circuler un papier par hypothèse innégociable, quand les Tribunaux civils en connaissaient. Nous avons toujours cru, que le crédit des commerçants est fondé sur autre chose que leur seule juridiction ; nous avons toujours pensé que les obligations auxquelles était astreint le commerce, constituaient un des facteurs les plus puissants du crédit de l'industriel. La théorie de la commercialisation relative ne saurait atteindre le but qu'elle se propose, parce que le crédit demande des garanties. On ne les lui donne pas dans le système proposé.

3° *Commercialisation facultative.*

Nous avons essayé de montrer que, dans l'état actuel de l'agriculture, le système de la commercialisation absolue n'était pas possible, que la nature même de l'idée de crédit s'opposait à l'adoption de la théorie de la commercialisation relative. Restent les partisans de la commercialité facultative : ce système a toutes nos préférences.

Nous avons vu que l'on doit distinguer deux classes d'agriculteurs aux allures bien différentes ; les uns sont de véritables industriels, les autres, au contraire, soit par routine, soit par nécessité, conservent les modes d'exploitation d'un autre âge ; pour ces derniers, toute assimilation avec le commerçant serait fausse, voire même dangereuse. Il serait au contraire désirable et utile de voir entrer dans le code commercial les agriculteurs commerçants. Mais la difficulté consiste alors à distinguer ces agriculteurs « aux allures commerciales » de ceux qui ont conservé les antiques errements, et qui sont la majorité. A quel signe faudra-t-il s'arrêter pour opérer le classement ? Quel critérium devra-t-on admettre ? La théorie de la commercialisation facultative nous en présente un fort simple et très pratique.

Dans chaque commune ou dans chaque chef-lieu de canton, sont créés des livres de commercialité que l'on dépose, soit à la mairie, soit au greffe de la justice de paix. Ces livres sont mis à la disposition du public qui peut prendre chaque jour connaissance de leur contenu. Tout agriculteur qui désire être traité selon la loi commerciale doit apposer sa signature sur ces registres.

Il ne faut pas croire que ce système est dû à la seule imagination de quelques économistes ; c'est en effet celui qu'a adopté une nation voisine de la nôtre, la Suisse. On pourrait nous objecter, que les résultats obtenus depuis l'établissement de ces livres de commercialité n'ont pas été très brillants. Il nous serait facile de répondre que cela montre simplement que l'agriculture suisse est encore loin de la forme industrielle et commerciale. Voici maintenant les raisons qui militent en faveur de cette théorie. Elle rend la commercialisation facultative au gré de l'agriculteur ; celui-ci accepte-t-il la juridiction consulaire et ses conséquences, il va se faire inscrire, et apposer sa signature sur les registres de commercialité, s'il veut conserver son ancien titre, il reste dans le *statu quo*. On laisse ainsi l'agriculteur juge dans sa propre cause, à vous de choisir, lui dit-on, la loi qui doit vous régir (1). De plus, rien ne sera plus facile que

(1) V. *Annales de droit commercial*, octobre 1896 : « Etendue du droit commercial suivant le nouveau projet du code allemand. » D'après ce projet, les agriculteurs qui ont des distilleries ou qui

de constater le fait de la commercialité, puisqu'il suffira de vérifier une signature. La publicité des registres sera là pour sauvegarder les droits des tiers, qui pourront connaître d'une manière simple et rapide le caractère de l'agriculteur avec lequel ils désirent contracter. Mais, à notre avis, ce système a un mérite beaucoup plus grand, il ne crée pas, comme celui de la commercialisation relative, une classe de citoyens qui jouirait des prérogatives d'un droit plus commode, sans en subir parfois les conséquences les plus rigoureuses.

C'est qu'en effet, si nous accordons aux agriculteurs qui le jugeront utile, les faveurs de la loi commerciale, nous leur en imposons les devoirs ; ils devront être soumis aux règles de la comptabilité commerciale et à celles de la faillite. Il est permis de croire que ces règles sévères, contribuent dans une large part au crédit du commerçant. Ce qui détourne les capitaux de l'agriculture c'est, non pas seulement les lenteurs de la procédure civile, mais surtout la difficulté pour un créancier de réaliser les biens d'un cultivateur au-dessous de ses affaires. Les voies d'exécution du droit civil, les saisies en particulier, ne garantissent les intérêts de ceux qui les exercent que d'une manière fort incomplète (1). Aussi un auteur des plus compétents en la matière a-t-il

sont propriétaires de forêts pour scieries, *peuvent* se faire inscrire sur le registre du commerce s'ils le jugent bon et deviennent commerçants.

(1) V. Thaller, *Les faillites en droit comparé*, t. I, p. 125 et s.

pu se demander « si le meilleur moyen d'asseoir le crédit agricole ne consisterait pas, au lieu de vouloir affecter récoltes ou instruments de culture à certains prêteurs, à généraliser les voies d'exécution du droit commercial ». Il serait fort intéressant d'examiner avec soin les objections qui ont été soulevées contre le système de l'adaptation à l'agriculture des règles du droit commercial, en particulier celles de la faillite. Notre travail, fort restreint, ne nous permet pas d'entrer dans un sujet qui demanderait de trop longs développements. Nous nous bornerons donc à constater (nous espérons l'avoir prouvé) qu'aujourd'hui la seule réforme possible et désirable, est celle de la création de livres de commercialité. C'est là, un des moyens pratiques capables de fortifier et d'augmenter le crédit purement personnel de l'agriculteur.

CHAPITRE III

LE CRÉDIT PERSONNEL, LE CAUTIONNEMENT ET LA MUTUALITÉ.

La théorie de la commercialisation a, comme on a pu le voir dans notre chapitre précédent, une sphère d'application assez restreinte. Elle ne peut s'appliquer qu'à cette classe de cultivateurs qui se rapproche sensiblement de celle des commerçants par les moyens d'exploitation qu'elle emploie. Mais elle ne fait rien, et ne peut faciliter le crédit des petits cultivateurs qui sont cependant de beaucoup les plus frappés, et par suite les plus intéressants. Il importe donc de savoir, par quels moyens on peut fortifier et augmenter le crédit personnel de tous ces petits agriculteurs ; deux procédés permettent d'arriver à ce résultat : ce sont le cautionnement et la mutualité.

Le cautionnement est un contrat, par lequel une tierce personne, garantit l'exécution d'une obligation en s'engageant à payer, si le débiteur ne le fait pas, sauf son recours contre celui-ci (1). On distingue le cautionnement simple, par lequel le tiers ne s'engage qu'accessoirement au débiteur, et le cautionnement

(1) Baudry, *Précis de droit civil*, t. III, p. 584.

solidaire, où tous les coobligés sont des débiteurs principaux. Nous n'avons pas à nous arrêter à ces distinctions et à ces différentes manières d'être du cautionnement, pareil développement ne saurait trouver ici sa place. Qu'il nous suffise de montrer l'heureuse influence du cautionnement sur le crédit personnel et son application particulièrement féconde en matière de crédit agricole.

Le cautionnement étend le gage du créancier ; le créancier a pour gage général tous les biens de son débiteur (art. 2092 du Code civil) ; or si une tierce personne vient s'engager à garantir l'engagement du débiteur principal, elle engage à son tour tous les biens de son patrimoine, de telle sorte que le créancier a comme garantie de sa créance deux patrimoines au lieu d'un seul. Les risques d'insolvabilité du débiteur se trouvent ainsi singulièrement diminués, et le capitaliste a, par suite, moins d'hésitation à faire des avances, dans des circonstances si favorables à un placement sûr. Le cautionnement augmente ainsi le crédit du débiteur, parce qu'il fortifie la garantie de solvabilité de ce dernier. Il y a plus, le fait même du cautionnement implique de la part de la personne qui cautionne (toute idée de donation étant écartée) la meilleure preuve que l'on puisse donner de la solvabilité de l'emprunteur. Pourquoi cautionne-t-on ? Pour rendre service à un voisin, à un ami. Les services que l'on rend le plus facilement, sont précisément ceux qui doivent coûter le moins. Si donc un homme se porte fort pour un emprunt, soyez sûr qu'il le fait, parce qu'il croit à la pleine solvabilité de l'emprunteur. La caution redoute trop les poursuites du créancier pour s'engager à la légère : son engagement mûrement réfléchi, constitue au premier chef une garantie précieuse pour le créancier, de l'entière solvabilité du débiteur principal. La caution s'engage bien à payer la dette, mais elle croit toujours, quand elle intervient, qu'elle ne sera pas astreinte à une aussi dure nécessité. Le cautionnement, qui fortifie dans tous les cas le crédit personnel, a une force beaucoup plus grande et plus pénétrante dans le milieu agricole.

Il est entendu que l'agriculteur n'a pas de crédit, et qu'il ne jouit pas d'un crédit personnel aussi étendu que celui du commerçant. Comment expliquer cette différence ? L'agriculteur vit loin des grands centres, la situation de ses affaires est peu connue en dehors du village ou de la commune, centre de son exploitation.

Il en est autrement du commerçant qui a sa maison de commerce à la ville et dont le nom s'étend au loin. L'un et l'autre peuvent avoir le même crédit intrinsèque, les mêmes garanties d'ordre et d'économie, la même solvabilité en un mot, le commerçant seul trouvera un crédit effectif. Les capitaux sont dans les grands centres industriels et commerciaux, et non dans les campagnes reculées. Or les banquiers qui détiennent les épargnes des capitalistes prêteront de préférence au commerçant qu'ils voient chaque jour, au commerçant dont ils connaissent et peuvent surveiller la solvabilité ; ils ne feront aucune avance à l'agriculteur, dont ils ignorent la valeur.

Si vous supposez qu'un voisin de l'agriculteur vienne vers le banquier en lui disant : « Prêtez à ce cultivateur, je garantis son prêt », l'hésitation du banquier deviendra moins grande et souvent le prêt sera consenti. Il faut remarquer que cette intervention du tiers en faveur de l'agriculteur se présente sous des auspices particulièrement favorables au développement du crédit du débiteur (1).

La caution est, dans notre hypothèse, le voisin de l'emprunteur (la remarque est d'une importance capitale), or, dans le milieu rural chacun sait, à quelques francs près, la fortune de son voisin, chacun connaît l'état exact de ses affaires, ses chances de gain et de perte. Dans ces conditions, on peut juger de l'importance particulière de l'intervention d'un voisin, car si, à la ville une caution peut se tromper sur la solvabilité de l'emprunteur, pareille chose ne peut se présenter à la campagne, où la vie, toute extérieure, de chacun, est connue de tous.

Le cautionnement pourrait ainsi être d'une application féconde dans les campagnes, et devenir un puissant moyen pour développer le crédit personnel de l'agriculteur. La pratique est là pour nous montrer qu'il

(1) *Officiel*, Chambre, 1892; *Débats parlementaires*, séance du 20 juin.

est au contraire d'un usage assez restreint. On ne cautionne pas ou peu, pour deux raisons : 1° on redoute les risques agricoles ; 2° on craint l'insolvabilité du débiteur. Faisons disparaître les risques agricoles, atténuons les risques d'insolvabilité, et nous aurons plus fait pour la cause du crédit agricole, que tous les projets ayant pour objectif l'organisation du crédit réel de l'agriculteur.

I. — *L'assurance agricole peut faire disparaître les risques agricoles.*

On entend par risques agricoles, ceux qui sont inhérents à l'exploitation même du sol, ou à l'intempérie des saisons.

Le cultivateur doit compter avec les sinistres agricoles, la grêle, la gelée, les inondations, la sécheresse, les orages, la mort et les accidents pour ses animaux. Tous ces aléas effraient les cautions, et font fuir les capitalistes : l'assurance peut faire disparaître tous ces inconvénients. Le contrat d'assurance agricole, en effet, est un acte par lequel, moyennant une redevance fixe appelée prime, une personne, ordinairement une société, prend à sa charge certains risques ou tous les risques agricoles encourus par l'agriculteur. Mais les cultivateurs qui passent de pareils contrats, ne constituent qu'une faible minorité ; un certain nombre s'assure contre l'incendie, bien peu contre les risques agricoles. Il importe donc de savoir, comment on pourrait amener l'agriculteur à l'assurance.

Les uns ont cru trouver la solution de la difficulté dans l'établissement de l'assurance obligatoire pratiquée par l'État (1). Chacun paiera sa prime d'assurance en payant son imposition. Certains économistes ne vont pas aussi loin dans cette voie, et se contentent de demander l'assurance facultative pour l'agriculteur, l'État se constituant son assureur (2). Nous repoussons l'une et l'autre de ces théories. « L'État ne doit pas intervenir dans les affaires concernant les intérêts particuliers des individus ni s'exposer aux contestations sans nombre résultant de l'évaluation et du règlement des sinistres. Il est trop impersonnel pour entreprendre des opérations de cette nature (3). » En effet, ses agents n'ont pas les qualités voulues pour défendre ses intérêts, en présence d'influences étrangères, dont ils peuvent redouter d'irriter les susceptibilités. La mission de l'État est plus haute, elle consiste à s'occuper des intérêts généraux du pays, et comme le développement des institutions de prévoyance revêt ce caractère d'une façon indiscutable,

(1) Proposition de loi ayant pour but de conférer à l'État le monopole des assurances contre l'incendie, présentée par M. Bourgeois *Officiel*, *Documents parlementaires*, 1894, 1113.

(2) Rapport Berthrand, *Documents parlementaires*, Chambre, 16 mai 1895, t. I, p. 513. — Proposition de loi Calvet, *Documents parlementaires*, Sénat, 12 juillet 1895.

(3) Il est curieux de constater que ces paroles ont été prononcées par M. Viger ; ce dernier a déposé à la Chambre en 1894 (*Officiel*, *Documents parlementaires*, 629) un projet de loi ayant pour objet d'instituer avec le concours de l'Etat des caisses d'assurances mutuelles agricoles. V. *Journal des économistes*, 5 août 1894.

l'État doit intervenir pour les favoriser et non pour les faire fonctionner lui-même.

Ce que nous souhaitons, en matière d'assurance agricole, c'est que l'État stimule l'activité des compagnies d'assurances et les engage à multiplier leurs agences dans les campagnes. Nous ne serions même pas éloigné de voir l'État accorder de légères primes aux compagnies, qui pourraient produire un certain nombre de contrats d'assurances agricoles passés pendant une année. Là doit s'arrêter notre incursion sur le terrain de l'assurance agricole.

II. *La multiplicité du nombre de cautions fait disparaître les risques d'insolvabilité du débiteur.*

Nous avons essayé de montrer comment l'intervention d'une caution dans un contrat de prêt fortifie la solvabilité du débiteur, le créancier ayant désormais comme garantie deux patrimoines au lieu d'un seul. Si donc nous doublons, triplons le nombre des cautions, nous augmentons la solvabilité de l'emprunteur et diminuons d'autant les risques d'insolvabilité. On peut donc dire, en continuant ce raisonnement, que si les cautions sont multipliées à l'infini, les risques de non-paiement deviennent presque nuls. Cette idée fort juste, est développée d'une façon particulièrement heureuse par M. Durand (1). « Quand on hésite à prêter 500 fr. à un ouvrier laborieux et honnête, ce n'est pas que ces

(1) *Le Crédit agricole*, passage cité dans la discussion de la loi de 1894. Durand, p. 167.

500 francs utilement employés ne puissent le mettre en état de rembourser sa dette à l'échéance en lui laissant un joli bénéfice. Mais il faut compter avec trop d'imprévus ; cet ouvrier peut tomber malade, il peut manquer de travail, un cas fortuit quelconque peut annihiler ses espérances, et alors il est hors d'état de satisfaire à ses engagements. Celui qui prête dans ces conditions, a bien des chances de ne pas rentrer dans ses avances ; voilà pourquoi on hésite à prêter à un ouvrier isolé. Mais que 50 ouvriers se réunissent et se déclarent solidaires, qu'ils s'engagent à payer non seulement leurs propres dettes, mais celles de ceux d'entre eux qui ne pourraient faire face à leurs engagements, le risque disparaît presque entièrement pour le prêteur. » La simultanéité de ces engagements multiples peut se concevoir sous deux formes différentes :

1° Un certain nombre de personnes peuvent se réunir, et former entre elles une société ayant pour but de cautionner les engagements agricoles qui lui seront soumis.

Le cautionnement se présenterait ainsi sous la forme suivante : une personne, dans notre cas un agriculteur, n'ayant pas un crédit personnel assez puissant, se rendrait auprès d'une société pour lui demander de garantir son engagement. La société donnerait cette garantie contre une petite somme prélevée sur l'opération.

Un véritable contrat serait ainsi passé entre l'agriculteur et la société de cautionnement ; il y aurait

« vente de garantie ». Deux personnes se trouveraient en présence ; d'une part la société garante, de l'autre l'agriculteur emprunteur. Cette conception de groupement de personnes, en vue d'accorder le cautionnement, n'est pas purement théorique.

M. Durand dans son livre du *Crédit agricole*, page 41, nous dit que ce système fonctionne en Belgique depuis la loi de 1884 sur le crédit agricole. De plus, chez nous, certains membres du parlement, notamment M. Hubbard, ont présenté, lors de la discussion de la loi du 5 novembre 1894, un amendement demandant la création de comptoirs d'escompte avec caisse centrale à Paris (1). Nous ne croyons pas que cette forme du cautionnement collectif puisse être d'un grand secours pour le cultivateur qui n'a pas de garanties personnelles suffisantes ; ce système peut faciliter l'emprunt à celui qui a quelque crédit, mais non donner le crédit à celui qui n'en a pas, par la raison fort simple que le comptoir d'escompte s'empressera de refuser sa garantie à un cultivateur qui ne présentera pas une certaine solvabilité.

2° On peut encore supposer un certain nombre de personnes s'engageant réciproquement à cautionner les divers engagements qu'elles pourront contracter : c'est la réciprocité dans le cautionnement. Au point de vue théorique, voici comment les choses devraient se

(1) *Officiel, Débats parlementaires*, Chambre, 18 juin 1892.

passer. Toutes les personnes, dans notre hypothèse les agriculteurs d'un village, signeraient un premier contrat, par lequel ils s'engageraient à garantir les engagements postérieurs de chacun d'eux, puis nécessité d'une intervention particulière et individuelle pour chaque dette contractée. En pratique, tout est plus simple ; ces personnes se garantissent réciproquement leurs dettes, soit indéfiniment, soit jusqu'à concurrence d'une certaine somme, et donnent à une personne morale, la société, le droit « d'intercéder » pour chaque emprunt postérieur. Elles constituent des sociétés coopératives de crédit, des sociétés de crédit mutuel, des sociétés de crédit agricole. Ces sociétés ainsi établies se présentent à nous sous la forme la plus étendue du cautionnement ; elles nous paraissent par conséquent comme les plus propres à donner le plus d'extension et le plus de force au crédit personnel de l'agriculteur.

Le cultivateur peut avoir d'excellentes garanties, mais ces garanties n'ont point cours, il importe de les rendre bancables, de les développer. On peut arriver à ce résultat par la coopération, parce que seule la mutualité peut créer le lien collectif, qui, ainsi que s'exprime un auteur, parvient à donner la valeur d'un titre, à des garanties impossibles à utiliser d'autre façon (1). La mutualité a donc l'avantage de créer une garantie nouvelle et parfaite qui servira de gage, là où auparа-

(1) *Journal des Économistes*, 1895, tome 4. — *Le crédit agricole*, par Wollf.

vant il n'y en avait point ; d'une foule incohérente de personnes, à qui individuellement, aucun banquier ne voudrait confier de l'argent, elle crée un emprunteur collectif auquel les banques et les capitalistes peuvent se fier avec sécurité ; elle établit un lien entre ses membres en ouvrant des recours réciproques de l'un à l'autre, et les transforme en emprunteurs dignes de confiance. La force de ces sociétés de crédit mutuel agricole réside non seulement dans l'union de petits capitaux, dans la garantie commune à laquelle tous les associés prennent part, mais encore dans la création d'intérêts communs exigeant que nul ne soit en défaut ; chaque associé est en effet à la fois emprunteur et garant. Voilà quelle force la mutualité donne au crédit personnel de l'agriculteur, en assurant les garanties les plus puissantes aux capitalistes, c'est pourquoi nous préconisons le système de la mutualité.

Si nous abandonnons ces considérations générales, si nous nous rapprochons de plus près de la réalité des faits, il nous sera facile de montrer que l'emprunt fait par le cultivateur à une société de crédit mutuel, est à la fois pour lui le moins dangereux, le plus avantageux, le plus commode et le plus sûr.

1° Nous avons montré en son temps de quelle utilité le crédit pouvait être pour l'agriculteur, et indiqué aussi dans quelles limites étroites, il devait emprunter. La destination du capital emprunté est chose capitale en matière de crédit agricole. Il est indispensable que le cultivateur emploie les capitaux empruntés en vue d'améliorer ou de créer son capital d'exploitation, et non d'augmenter son capital foncier. Le meilleur moyen de forcer ce cultivateur à employer l'emprunt à sa destination propre serait assurément celui qui permettrait de surveiller l'emploi du capital emprunté. Cette surveillance qui ne saurait être demandée à des sociétés financières, peut parfaitement être exercée d'une façon des plus efficaces par les sociétés de crédit mutuel. De plus ces sociétés, avant d'accorder des capitaux à un de ses membres, ont le droit, le devoir même d'examiner si l'emprunt demandé paraît utile dans tel cas particulier.

2° Le crédit mutuel est le plus avantageux. Le crédit mutuel est en effet celui qui présente (le crédit réel excepté) les garanties les plus solides aux capitalistes. Or chacun sait que le taux d'intérêt demandé par le prêteur est d'autant moins élevé, que le placement présente pour lui une sécurité plus grande. De plus les sociétés de crédit mutuel suppriment des intermédiaires, et prennent pour elles, par conséquent pour leurs membres, les bénéfices réalisés par ceux-là sur chaque prêt.

3° Le crédit mutuel est un droit, et non une faveur pour celui qui est appelé à en bénéficier. Un membre d'une société de crédit agricole a-t-il besoin d'un petit capital ? Il se présente au siège de la société, et l'utilité de l'emprunt reconnue, on doit lui faire l'avance demandée. On comprend qu'il n'en est pas ainsi d'un prêt demandé à un simple capitaliste, ce dernier restant toujours souverain maître de la décision à prendre.

4° On peut faire remarquer enfin que ce prêt est plus commode pour l'agriculteur. Il n'a pas besoin d'aller à la ville, chez le banquier de l'endroit, il a tout près de chez lui une petite banque, toujours ouverte à ses multiples besoins de crédit.

CHAPITRE IV

DE L'ORGANISATION DES SOCIÉTÉS DE CRÉDIT MUTUEL.

Nous venons de voir que le crédit mutuel donne au crédit personnel une force jusqu'alors inconnue, et que ce crédit présente pour l'agriculteur des avantages considérables. Il importe de chercher comment on doit organiser ces sociétés de crédit mutuel agricole.

Un économiste étranger, Joaquin Diaz de Robago (1), loue, en ces termes, l'imagination créatrice des Français en matière d'organisation du crédit agricole. « Pour l'étude du crédit agricole on peut bien dire que la France a été le cerveau de l'Europe ; on peut admirer le zèle et la sollicitude avec lesquels les gouvernements qui se sont succédé ont examiné le problème, la fécondité d'invention des auteurs de projets, puisque les moyens, plans et systèmes proposés dépassent le chiffre de 200, et la tenace persévérance de certains défenseurs de l'agriculture, qui ont patiemment ouvert la voie à l'opinion publique. »

Nous avons peine à croire que ces louanges à notre adresse ne cachent au fond une cruelle pointe d'ironie. Il est entendu que notre pays est le premier de l'Europe

(1) *El credito agricola*, p. 62.

pour le nombre de projets sur le crédit agricole, le prix de « théorie » nous est décerné. Mais il faut constater avec amertume, que rien ou à peu près rien n'a été tenté dans le domaine pratique (1). Les pays étrangers n'ont pas suivi notre exemple ; après avoir étudié la question agricole mûrement, peut-être même sans bruit, ils ont mis leurs projets d'organisation du crédit agricole en l'état d'exécution. Aussi partageons-nous l'opinion d'un auteur (2) s'exprimant ainsi : « L'examen attentif de ce qui existe à l'étranger est ici plus important que la discussion de projets, dont la plupart montrent uniquement la puissance d'imagination des auteurs qui les ont présentés. » Des institutions de crédit mutuel et agricole, fonctionnent à l'étranger depuis déjà longtemps, et donnent au point de vue pratique des résultats des plus satisfaisants. Il importe donc d'étudier les principes de ces institutions et de dégager les règles qui paraissent devoir s'appliquer chez nous le plus facilement au crédit agricole. La théorie sortira ainsi de l'étude de la pratique même. Trois pays peuvent revendiquer l'honneur d'avoir vraiment organisé le crédit agricole ; ce sont : l'Ecosse, l'Allemagne et l'Italie. Deux

(1) Pour la clarté de l'exposition de notre sujet, nous considérerons la loi de 1894 comme non promulguée ; notre but est de rechercher actuellement sur quels principes généraux il faut s'appuyer pour fonder des sociétés de crédit agricole ; nous verrons plus tard si notre législateur les a suivis.

(2) *Revue d'économie politique*, 1893, p. 1012.

seulement ont des institutions spéciales de crédit agricole, l'Allemagne et l'Italie.

Les banques d'Ecosse occupent depuis longtemps le monde des économistes et des agronomes : leur succès, les services considérables qu'elles ont rendus à la culture, expliquent le prestige qui les entoure. Mais comme le disait le rapport du consul général de France à Londres : « il n'existe pas de banques agricoles spéciales ; toutes sont communes aux commerçants, aux industriels et aux fermiers, mais leur nombre est considérable (1). » La prospérité de ces banques, tient principalement au développement qu'a pris dans ce pays l'usage des comptes courants et des chèques, peut-être même à l'organisation foncière de ce pays. L'Ecosse qui n'a pas d'institution spéciale de crédit agricole ne saurait retenir plus longtemps notre attention. Restent l'Allemagne et l'Italie.

En Allemagne toutes les sociétés coopératives de crédit se ramènent à deux systèmes différents : celui de Raiffeisen et celui de Schulze-Delitzsch (2).

En 1849, M. Raiffeisen, alors bourgmestre de Wegerburg, fonda une caisse de prêts à Flammersfeld sous le nom de Flammersfelder. Pendant quelques années ce

(1) V. ce rapport dans la note publiée en juillet 1880 par le ministre de l'agriculture. *Documents parlementaires*, annexe 48.

(2) Les renseignements sur ces sociétés nous ont été fournis par l'ouvrage déjà cité de M. Durand. V. aussi, *Cours d'économie politique* de M. Paul Leroy-Beaulieu, t. 2, p. 612 et s. et *Cours d'économie politique* de M. Cauwès, t. 3, p. 941 et s.

genre d'institution ne se répandit que fort lentement comme toute innovation dans le milieu rural.

Bientôt cependant ces caisses de prêts ou Darlehnskassen prirent un rapide essor ; en 1888 leur nombre était de 1162 ; en 1891 au congrès de l'union des associations allemandes tenu à Darmstadt, M. Haas donnait une statistique de 1730 caisses ayant procuré à l'agriculture plus de 300 millions de francs (1). Ces quelques chiffres sont assez éloquents par eux-mêmes pour se passer de tout commentaire. Etudions la constitution et le fonctionnement de ces caisses agricoles.

Les membres qui constituent les Darlehnskassen, sont tous des agriculteurs habitant un territoire assez restreint, une même commune, souvent même une même paroisse. Riche ou pauvre, tout cultivateur a le droit de faire partie de l'association. Les conditions d'admission sont fort restreintes, il suffit pour entrer dans la Darlehnskassen de justifier sa moralité et sa probité. Aucun capital spécial n'est exigé lors de l'entrée dans l'association ; car on ne peut considérer comme capital exigé le modique versement imposé à chaque sociétaire par une loi de 1867 complétée par celle de 1889 (ce droit d'entrée étant ordinairement de 10 marks et souvent moins). La société n'a donc pas de capital

(1) M. Brelay dans un article du *Monde économique* donne une statistique présentée au congrès de Gotha pour l'exercice 1893-94 par M. le Dr Sechenck ; il relève le chiffre de 1800 sociétés à type Raiffeisen, *Monde économique*, p. 1894, t. 2.

social. Mais si elle n'a pas d'espèces pour garantir aux capitalistes les emprunts qu'elle se propose de leur faire, elle peut leur offrir une garantie peut-être aussi solide, la solidarité absolue et illimitée de tous les membres faisant partie de la caisse. De telle sorte, que chacun des membres est responsable sur tout son patrimoine, d'une façon absolue des obligations que son coassocié pourra contracter par l'intermédiaire de la société. La dette de l'un est garantie par l'engagement solidaire de tous. C'est l'union la plus étroite de la mutualité. Cependant à côté de la garantie que peut présenter la solidarité de tous les membres de la Darlehnskassen, se dresse celle procurée par la constitution d'un capital de réserve. Ce capital de réserve se forme lentement par l'accumulation de petits bénéfices, que la caisse réalise sur chacune de ses opérations. Ce fonds de réserve deviendra bientôt d'une grande importance si l'on songe (comme on le dira bientôt) que les bénéfices de la caisse ne sont jamais distribués aux sociétaires. La constitution de ce capital de réserve présente une double utilité : d'une part il augmente pour les capitalistes la garantie de la solvabilité de la société, et d'un autre côté il diminue pour les associés les risques d'être poursuivis en raison de leur responsabilité solidaire.

Ces caisses ainsi constituées, comment fonctionnent-elles ? La société a pour objet de faire des prêts à ses sociétaires, dans des conditions les plus avantageuses ; or pour faire des prêts, il faut de l'argent, et la Darlehnskassen n'a pas de capital social. Elle commencera alors par faire des emprunts aux membres riches de l'association, puis, si l'argent ainsi obtenu ne répond pas encore aux besoins de crédit des associés, elle aura recours au public, aux capitalistes et aux banquiers. La Darlehnskassen empruntera par supposition à 4,75 0/0 et prêtera à ses membres à 5 0/0. L'écart de 0,25 0/0 constituera le bénéfice de la société. Mais les bénéfices ainsi réalisés, ne sont jamais distribués sous forme de dividende aux associés : les gains vont grossir ou constituer le capital de réserve et si la réserve est trop considérable l'excès des bénéfices est employé à des œuvres philanthropiques. Cette prohibition de distribution de dividende, est un des traits les plus saillants du fonctionnement des caisses Raiffeisen ; la même règle continue à recevoir son application dans le cas de dissolution de la société. Les prêts ne sont consentis qu'aux membres faisant partie de la Darlehnskassen, c'est une application de la mutualité dans sa stricte rigueur. De plus chaque sociétaire doit présenter une caution ou un gage jugé suffisant par le conseil d'administration. A chaque nouveau prêt il y a lieu d'examiner la solvabilité du sociétaire et de la caution. Les prêts sont constitués à des termes quelconques et à de très longues échéances (quelquefois même pour 20 ans). La restitution du capital emprunté doit se faire très rapidement après un court préavis de 40 jours. Le conseil d'administration a un pouvoir souverain, non seulement pour examiner la solvabilité du sociétaire emprunteur et la durée du prêt consenti, mais encore pour se prononcer sur l'utilité de l'emprunt. Le sociétaire emploie-t-il l'avance accordée dans un but autre que celui pour lequel il l'avait demandée, on lui en réclame de suite le montant. Ajoutez que les fonctions d'administrateur sont essentiellement gratuites, celles du caissier étant seules rétribuées, et vous connaîtrez dans ses grandes lignes le fonctionnement d'une caisse de prêt Raiffeisen.

En 1850, c'est-à-dire un an après la fondation de la première caisse Raiffeisen, Schulze fondait à Delitzsch une institution de sociétés de crédit mutuel différant profondément de celles de Raiffeisen, et lui donnait le nom de Vorschussverein ou association d'avances. Le principe de cette association une fois connu, la diffusion des Vorschussverein se fit avec une grande rapidité. A la fin de l'exercice 1893-1894 les sociétés Schulze-Delitzsch comprenaient 502.184 associés; les crédits accordés dans l'année s'élevaient à 1.518.813.650 marks, soit en moyenne 3.024 marks par membre. Parmi le nombre des associés de ces associations d'avances se trouvaient 33,3 0/0 d'agriculteurs indépendants (1).

Voici maintenant quel est le mode de constitution des Vorschussverein. Tous les membres qui composent l'association, vivent, soit dans une même ville, soit

(1) Statistique fournie par M. le Dr Sechenck au congrès de Gotha en 1893-1894, Brelay, *Monde économique*, 1894, t. 2.

dans le même canton. La Vorschussverein reste donc une organisation locale ; toutefois les associés n'ont pas tous une même profession ; ce sont de petits ouvriers, des artisans, des agriculteurs aisés. Chaque corps de métier se trouve ainsi représenté dans les caisses d'avances à la différence de ce qui se passe dans les Darlehnskassen où tous les associés sont des agriculteurs. Tous les membres de la Vorschussverein sont responsables solidairement, sur tous leurs biens personnels,des engagements contractés par la société ; la solidarité absolue et illimitée est la garantie la plus forte, que l'association d'avances peut offrir aux prêteurs. Ce n'est pas la seule ; les Vorschussverein possèdent un capital social d'une véritable importance, sinon à la naissance même de la société, du moins quelques années après. Le capital social se compose du capital-action et du capital de réserve. La formation de ce capital double est assez compliquée. Le capital-action se compose des actions, ou plus exactement des parts que chaque associé doit souscrire en entrant dans l'association d'avances. La part est ordinairement assez élevée, elle atteint parfois le chiffre de 200 thalers. Chaque membre n'a droit qu'à une seule part ou action. Tout associé peut effectuer immédiatement le paiement complet de son action, mais il n'est pas forcé de la libérer de suite. S'il opte pour ce dernier parti, il sera obligé de faire chaque mois un versement partiel entre les mains du conseil d'administration jusqu'au jour où le total de ces versements partiels atteindra le montant de la part souscrîte. C'est en quelque sorte l'épargne mensuelle obligatoire. Ce capital action est la propriété des associés qui ont toujours le droit de le réclamer, lorsqu'ils se retirent de la société. Le capital de réserve appartient à la Vorschussverein et chaque associé ne peut en réclamer sa part. La réserve est formée comme dans toutes les sociétés par un prélèvement sur les bénéfices réalisés, mais elle a une autre source de recettes ; on lui attribue le montant des droits d'admission, que doivent payer les nouveaux sociétaires entrant dans la Vorschussverein déjà créée.

Le capital social, qui est d'une véritable importance dans une association d'avances, est cependant trop faible pour permettre à la société des avances à ses membres.

La garantie solidaire de tous les associés lui permettra de trouver les capitaux nécessaires pour répondre pendant quelques années à toutes les demandes de crédit. L'association d'avances fait donc des prêts à ses associés et à leur défaut aux étrangers, mais en pratique on ne distingue pas l'étranger de l'associé. Les prêts ne sont faits que pour un temps relativement court : 3 mois. Avant de consentir un prêt à un sociétaire, le conseil d'administration examine sa solvabilité en prenant en considération le fonds social possédé par lui. De plus, il est interdit d'accorder un crédit trop fort à un même sociétaire, pour éviter ainsi des pertes trop considérables. La Vorschussverein ne se contente pas seulement de consentir des prêts, elle reçoit des dépôts dont elle fixe le maximum, connaît l'usage de l'endossement des valeurs à ordre et des comptes courants. Les bénéfices que réalisent ces petites banques, constituent des dividendes qui sont distribués annuellement entre tous les sociétaires, en proportion de leur avoir social. On capitalise les dividendes de ceux qui n'ont pas un capital social assez élevé : c'est l'épargne forcée. Un conseil d'administration dirige les affaires de l'association d'avances qui donne à chaque administrateur, non pas un appointement fixe, mais un tantième sur les opérations effectuées pendant l'année. Nous en aurions terminé avec les associations de crédit en Allemagne, si nous n'avions à expliquer la loi du 1er mai 1889 (1) permettant la création de sociétés de crédit à responsabilité limitée. Cette loi a été inspirée par les succès des banques italiennes créées par Luzzati. Nous connaîtrons donc les principes qui la régissent par l'étude des banques coopératives italiennes.

En Italie, deux hommes ont continué l'œuvre coopérative de Schulze-Delitzsch et de Raiffeisen, ce sont Luzzati et Vollemborg. Luzzati, frappé des bienfaits répandus en Allemagne par les Vorschussverein, résolut d'introduire dans sa patrie cette institution nouvelle,

(1) La loi du 1er mai 1889 a été complétée par une loi de 1892. V. *Annuaire de législation comparée*, année 1893 et notice de Lyon-Caen, *Annales de droit commercial*, 1893, p. 317.

et créa cette multitude de petites banques populaires, que la France envie à l'Italie. Mais Luzzati, tout en restant le fidèle disciple de Schulze-Delitzsch, en reconnaissant la nécessité pour chaque société nouvelle de constituer un capital social, par des versements opérés mensuellement par les associés, a apporté des modifications profondes dans l'œuvre de l'économiste allemand.

La plupart des banques populaires ont repoussé le principe de la solidarité absolue et illimitée, qui était considérée par Schulze comme la base même de tout son système. Ces sociétés, ainsi formées, ont pris un essor rapide qui semble justifier le principe nouveau de la solidarité limitée. La prospérité de ces banques provient non de la responsabilité limitée de ses membres, mais de la constitution d'un capital social sérieux. Aussi ces banques perdent chaque jour leur caractère de banques mutuelles pour se rapprocher de plus en plus du type des sociétés par actions. Ce n'est là en effet que la constatation d'un fait économique plus général. « Les sociétés coopératives ne paraissent en effet devoir être dans le présent et dans l'avenir, dit M. Leroy-Beaulieu (1), qu'un organisme de transition destiné à faire émerger les hommes les plus actifs, les plus laborieux, les plus prévoyants ; une fois qu'elles ont constitué un noyau de ce genre, le procédé de sélection continue et s'accentue jusqu'à ce que le caractère coopératif finisse

(1) *Cours d'économie politique*, t. 2, p.615.

à disparaître. » Pour notre part, nous croyons qu'un grand nombre de banques italiennes va vers cette période de transition.

La première banque populaire a été créée à Milan en 1866 par M. Luzzati ; cette dernière a servi de modèle à toutes les autres banques de naissance plus récente. Elle fut créée avec un capital de quelques milliers de francs. 27.000 francs ; en 1894, elle a 4.600.000 francs de fonds de réserve et a distribué depuis 1867, 25 millions de dividendes. En 1894, le dividende a été de 6,40 par action et le nombre de sociétaires s'est élevé à 17.600 (1).

Les banques populaires ont rendu de grands services en Italie à la classe des petits artisans industriels ou commerçants, mais elles ont fait peu de choses pour l'agriculteur ; il suffit pour s'en convaincre d'examiner la statistique d'une de ces banques. On pourra voir alors que les agriculteurs n'y entrent que pour un chiffre fort restreint, ordinairement 15 0/0, et encore les agriculteurs qui en font partie sont pour la plupart de petits propriétaires aisés.

M. Vollemborg en 1882 s'empara des principes des banques Raiffeisen et créa des Caisses rurales de ce type en Italie. La première caisse rurale fut fondée à Lorregia, commune située dans les environs de Padoue ; depuis cette époque, ces banques se sont multipliées sur le territoire italien ; aujourd'hui on n'en compte pas

(1) *Economiste*, 1894, t. 2, p. 523. *La caisse d'épargne et la Banque populaire de Milan*, par Georges Michel.

moins de 950 (1) ; Vollemborg a suivi fidèlement les principes et les règles formulés par Raiffeisen, toutefois il s'est écarté de son maître sur quelques points de détail comme la durée des prêts, qui sont bien consentis à longue échéance, mais avec souscription de billets à ordre à 3 mois. Ces banques ont donné des résultats excellents jusqu'à ce jour et sont d'un secours précieux pour la population agricole la plus pauvre et la plus intéressante.

L'organisation des sociétés coopératives de crédit à l'étranger nous étant connue, cherchons à dégager les principes qui font leur force et leur prospérité. Nous constatons d'une part, que toutes ces associations ont des organisations locales dues à l'initiative privée, et que tous leurs fondateurs ont eu comme première préoccupation, l'organisation de leurs garanties. Examinons ces deux points, sur lesquels règne entre eux l'accord le plus parfait.

1. *Organisation locale des sociétés de crédit agricole.*

L'idée mère qui a présidé à l'organisation du crédit agricole à l'étranger, est celle de son organisation par en bas. Raiffeisen en était tellement pénétré que les opérations de ses caisses de prêts sont limitées aux habitants d'une seule commune, et que le nombre de ses membres ne pouvait à l'origine dépasser 2.000. C'est aussi dans ces conditions que les sociétés d'avances et

(1) Leroy-Beaulieu, *Cours d'économie politique*, t. 2, p. 615.

les banques populaires italiennes se sont fondées. Ce principe a donc fait la prospérité de toutes ces associations ; le contraire aurait lieu de nous étonner, il suffit, pour s'en convaincre, d'analyser l'opération de prêt. D'un côté, on voit un capitaliste qui cherche pour son capital l'emploi le plus rémunérateur et examine attentivement les garanties qui lui sont offertes ; de l'autre, un cultivateur qui a besoin d'argent, et qui cherche à s'en procurer au taux le plus bas possible.

Le prêteur aura peu d'hésitation pour consentir un prêt garanti par des sûretés réelles, mais il se montrera fort hésitant, si l'emprunteur ne peut lui offrir que des garanties purement personnelles. Il ne prêtera pas, parce qu'il lui est impossible, à lui capitaliste, qui habite presque toujours la ville, de connaître à leur juste valeur les qualités morales de l'emprunteur. Pour mériter le prêt, il faut non seulement que cet agriculteur en soit digne, mais encore qu'il soit connu pour tel. « Le prêt agricole pour être sérieux, suppose un jugement porté sur la personne de l'emprunteur, autant que sur sa situation matérielle et on comprend aisément que ce jugement ne puisse être porté avec certitude que par des hommes vivant en quelque sorte d'une façon quotidienne avec lui, le connaissant à fond, sachant bien quel emploi il fait du crédit qu'on lui accorde (1). »

(1) Proposition de loi Méline, *Documents parlementaires*, 1890, p. 702.

Le crédit agricole, l'emprunt agricole, repose avant tout sur la connaissance qu'on peut avoir des qualités morales et intellectuelles du débiteur, et est forcément subordonné à l'existence de relations personnelles entre le prêteur et l'emprunteur. Or les relations personnelles de l'agriculteur sont celles qu'il peut avoir avec ses voisins, avec ceux qui habitent le même village ou le même canton. Ce sont ces relations personnelles qu'il faut organiser et faciliter en premier lieu, si l'on veut vraiment fonder ou plus exactement inspirer le crédit agricole. « C'est par la création de petites banques locales opérant dans un minime rayon, avec des clients dont la situation est absolument connue des administrateurs, que l'on peut vraiment fonder ce crédit (1). » C'est pour n'avoir pas connu l'exactitude de ce principe, que la plupart des grandes sociétés financières, fondées en vue de procurer du crédit à l'agriculture, ont piteusement avorté. L'expérience est là pour nous montrer que l'organisation « par en haut » du crédit agricole est un projet chimérique. Les grandes banques agricoles se sont perdues, parce qu'elles ont été mal renseignées et bien souvent trompées sciemment sur la véritable situation, et surtout sur la valeur morale de ceux qui s'adressaient à elles.

En 1860, fut fondé chez nous un établissement central de crédit agricole sous le nom de « Société de crédit

(1) *Revue d'économie politique*, t. 2, 1893, article de M. François.

agricole » ayant pour but de donner du crédit à l'agriculteur en escomptant le papier agricole ; cette société vécut assez misérablement pendant quelques années avec l'appui moral et financier de l'Etat et finalement suspendit ses paiements en 1876. Comme le fait remarquer M. Josseau (1), « cette société ne put pénétrer assez avant dans les campagnes, et apporter un soulagement visible aux besoins de la moyenne culture dans la plupart des départements ». Cependant cette expérience malheureuse n'a pas découragé certains économistes qui croient toujours à l'opportunité de la création de grands établissements financiers. On va même plus loin : certain gouvernement socialiste, celui de la Nouvelle-Zélande, vient par une loi récente de se faire le grand banquier de l'agriculture et espère par ce moyen augmenter la production agricole néo-zélandaise (2). L'avenir est là pour lui démontrer son erreur ; le passé nous a prouvé que le crédit agricole ne peut naître que localement à l'aide d'associations privées (3).

II. *Organisation des garanties.*

Tous les fondateurs des associations de crédit, alle-

(1) *Traité du crédit foncier*, t. 2, p. 390.

(2) *Economiste*, t. 2, 1894, p. 790.

(3) Une loi allemande du 31 juillet 1895 crée une banque centrale agricole au capital de 5 millions de marks versés par l'Etat. Nous croyons que cette institution nouvelle est opposée au principe même de « l'aide-toi toi-même » qui régit toutes les associations allemandes. Mais quelle que soit la solution admise sur ce dernier point, il faut faire remarquer que cette caisse centrale n'a été créée qu'après la naissance et le développement des associations locales (V. *Economiste*, 16 nov. 1895, p. 635, t. 2).

mands ou italiens, ont donné aux capitalistes des garanties sérieuses dans l'organisation de leurs petites banques locales. Une société de crédit ne peut en effet atteindre son but, qu'à la condition de présenter des garanties à ses créanciers ; si elle ne peut leur offrir la garantie résultant d'un capital social sérieux, elle doit au moins leur donner la garantie résultant de la solidarité de ses membres. Les Darlehnskassen n'ont pas de capital social, mais tous les membres sont responsables des engagements contractés par la caisse. Les associations d'avances qui n'ont pas à leur fondation un capital social important, doivent leur prospérité à la garantie solidaire de tous leurs associés. Il en est de même en Italie pour les banques populaires fondées par Luzzati et Vollemborg.

Nous n'insisterons pas sur la garantie que donne aux capitalistes la constitution d'un capital sérieux, c'est assurément la garantie la plus solide que les banques puissent présenter, mais à défaut de cette garantie il importe de montrer que la responsabilité solidaire constitue à son tour une garantie des plus précieuses. M. Vollemborg, dans un de ses discours, a su montrer d'une façon fort ingénieuse ce rôle bienfaisant de la solidarité. « Si un travailleur ne possédant rien, mais honnête et vigoureux, vous demande une avance de 50 francs, vous vous garderez d'y consentir, si vous n'entendez pas risquer votre argent. Pourtant notez ceci, si cet homme pouvait échapper à la mort, à la maladie et à toute autre mauvaise destinée, pendant deux ans par exemple, il serait à même au jour de l'échéance de vous rendre votre argent, ayant réalisé en outre quelque bénéfice. Ce n'est que ce conditionnel qui vous empêche de consentir à l'avance demandée. Eh bien ! la solidarité le prend à sa charge. L'expérience prouve que pendant l'espace de temps ci-dessus, sur 100 travailleurs la mauvaise destinée en atteindra deux en moyenne. Il en résultera que 98 seront à l'abri. Cependant il est impossible de discerner d'avance les malheureux et les heureux. Mais supposez que 100 travailleurs se déclarent prêts à payer la dette de ceux qui peuvent devenir insolvables. Qu'adviendrait-il? L'effet du hasard est neutralisé et il devient naturel que le capitaliste ouvre sa caisse pour avancer à chacun de ces travailleurs, non pas 50 francs, il est vrai mais 49 — 1 franc c'est la part du feu. Il n'y a là qu'une application du principe de l'assurance. Telle est la fonction économique de la solidarité. Par elle le créancier trouve une garantie établie sur ce double fait : que la surveillance de la majeure partie des forces de travail qui composent le groupe solidaire est certaine jusqu'au jour de l'échéance, et que la majeure partie de ces forces ne fera pas faute pendant le même délai. C'est ainsi qu'on arrive à donner une garantie aux capitalistes sans capitaux servant de garantie. C'est le véritable crédit au travail productif (1). »

(1) Paroles rapportées par M. Benoit-Lévy dans les *Lois Nouvelles* du 1er avril 1895.

Telles sont les considérations qui nous ont été inspirées par l'étude des législations étrangères ; leurs sociétés de crédit agricole ont toutes été organisées par en bas avec la garantie, soit d'un capital, soit de la solidarité de leurs membres (1).

Nous venons de voir les règles fondamentales admises à l'étranger par les fondateurs des sociétés de crédit ; certaines questions spéciales résolues différemment ont soulevé entre eux des polémiques des plus violentes, il importe de prendre parti dans le débat. Nous nous proposons d'étudier spécialement celles qui sont relatives à l'étendue de la solidarité, à la composition et à l'administration de ces sociétés, à la durée des prêts et à la répartition des bénéfices.

A) *Faut-il admettre le principe de la solidarité limitée ou celui de la solidarité illimitée* ?

Raiffeisen et Vollemborg ont toujours défendu le principe de la responsabilité illimitée ; Luzzati et Schulze (dans ces dernières années) ont pris parti pour le principe de la responsabilité limitée. Le succès rapide et la prospérité des banques populaires semblent donner raison à ces derniers. Nous ne le croyons pas cependant; nous sommes persuadé que le principe de la responsabilité illimitée, s'impose dans les campagnes. Nous

(1) M. Leroy-Beaulieu écrivait dans le *Journal des Débats* : « Si l'on veut que le crédit agricole se constitue dans ce pays il faut qu'il naisse spontanément, localement par des associations ayant soit la garantie d'un capital déterminé, soit celle de la solidarité de ses membres,

avons dit qu'une association ne peut satisfaire son besoin de crédit, qu'à la condition d'offrir pour garantie, soit un capital social sérieux, soit la responsabilité, nous ajoutons absolue et illimitée, de ses membres. Il ne faut pas oublier que l'on cherche à procurer du crédit, non pas aux grands agriculteurs qui n'en ont jamais manqué, mais à la classe la plus pauvre du milieu rural, à celle du petit cultivateur sans ressources. Or ceux-ci n'ont pas de capitaux, et la garantie de la solidarité limitée n'est pas suffisante pour leur en procurer, pour un excellent motif c'est que l'engagement individuel, pris par un certain nombre d'agriculteurs, ne présente aucune garantie. Chacun d'eux, pris individuellement, peut être hors d'état de faire face à ses engagements ; si les coassociés ne répondent pas les uns pour les autres, il y en aura peut-être qui pourront payer leur quote-part, mais pour ceux qui ne pourront le faire personne ne sera tenu à leur place. Cet aléa, le capitaliste ne voudra pas le prendre pour lui et l'association ainsi faite n'aura pas de crédit. L'association de crédit à responsabilité limitée peut procurer du crédit aux cultivateurs aisés, à ceux qui ont un certain patrimoine personnel, mais non aux agriculteurs gênés dans leurs affaires, et qui ne présentent pour toute garantie que leur qualité d'ordre et d'économie. Pour ces derniers, la société à responsabilité illimitée s'impose. La démonstration que nous venons de faire se trouve singulièrement fortifiée si l'on examine les statistiques des associations de crédit à l'étranger. On peut voir en effet que les sociétés qui ont adopté le système de la responsabilité limitée sont celles qui s'adressent à la classe des agriculteurs aisés et des petits artisans ; or, ces derniers ont tous un petit patrimoine facilement réalisable qui leur permet de donner aux capitalistes la garantie d'un capital social sérieux. La garantie donnée au prêteur est celle d'un capital. On comprend dès lors pourquoi toutes les banques italiennes ont de si grands succès ; ne les attribuez pas au principe de la responsabilité limitée, mais encore une fois à la constitution d'un capital social. Elles laissent de côté les petits agriculteurs sans ressources qui ne trouvent du crédit que dans les sociétés Vollemborg.

Il résulte de cette discussion, non pas qu'il faille condamner d'une manière absolue les sociétés de crédit à responsabilité limitée, nous constaterons qu'elles peuvent rendre de grands services aux classes aisées, et en particulier aux classes urbaines ; mais nous croyons qu'elles ne peuvent atteindre les couches profondes du milieu rural. C'est pour celles-ci que l'on veut créer les sociétés de crédit agricole, c'est donc à la responsabilité illimitée qu'il faut s'adresser pour obtenir du crédit.

B) *Les sociétés de crédit agricole doivent-elles être composées exclusivement d'agriculteurs* ?

Le principe de la responsabilité illimitée qui s'impose pour la création de sociétés de crédit agricole, exige que ces associations ne soient composées que de cultivateurs, car il n'est possible pratiquement, qu'entre personnes capables de connaître leur solvabilité réciproque. Or cette condition ne se rencontre que chez des gens qui ont une même profession. Un agriculteur connaîtra à leur juste valeur les qualités morales et l'état exact de la situation pécuniaire de son voisin. Les affaires se font en plein jour à la campagne, chacun peut les suivre et les apprécier. Il n'en est plus de même si un agriculteur veut connaître l'état des affaires du menuisier ou d'un charron. Aussi le cultivateur doit-il reculer devant une alliance aussi étroite avec des inconnus. Il ne voudra pas répondre et garantir des engagements, qu'il ne comprend souvent pas et dont il ne peut jamais surveiller l'exécution. L'admission de personnes étrangères dans les sociétés de crédit agricole, serait donc nuisible à leur constitution même. Mais s'il ne faut admettre dans ces associations que des agriculteurs, il faut tous les recevoir, riches et pauvres. Les cultivateurs riches apporteront à la société le crédit dont ils jouissent personnellement et leur compétence en affaires ; ils pourront utilement participer à l'administration de la banque et entraîner, par leur exemple, l'entrée dans l'association d'adhérents nouveaux. Le service le meilleur qu'ils rendront à leurs voisins sera « de les aider à s'aider eux-mêmes » (1).

(1) *Journal des Economistes*, t. 2, 1895, p. 296. Banque de village par Wolf.

C) *Quelle doit être l'étendue des prêts consentis par ces sociétés.*

Dans les sociétés Raiffeisen, les prêts sont consentis à des termes très éloignés qui parfois même transforment le caractère du crédit accordé. Quand un prêt est consenti pour 10 ou 20 ans, on peut dire que l'opération ressemble beaucoup plus à une opération de crédit foncier, qu'à celle de crédit agricole. Quoi qu'il en soit, Raiffeisen admettait des prêts aussi longs, avec obligation de restitution après un court préavis de 40 jours. Schulze, au contraire, ne permettait à ses associations d'avances, de consentir des prêts que pour trois mois. Il y a, croyons-nous, une certaine exagération dans ces deux systèmes. Celui de Raiffeisen est dangereux pour deux motifs ; une échéance très éloignée fait oublier à l'emprunteur, qu'il doit un remboursement, et l'obligation dans laquelle peut se trouver l'agriculteur de rembourser après un court préavis, lui fait courir un véritable danger. Le terme fixé par Schulze est trop restreint et ne peut s'appliquer en principe à l'agriculture. En effet, pour pouvoir rembourser un prêt, il faut nécessairement avoir retrouvé l'argent emprunté. M. Wollemborg le fait remarquer fort justement « pour correspondre vraiment aux besoins de ceux qui y recourent, le crédit doit se conformer à la durée nécessaire à la reproduction du capital dans leur industrie. Or, la circulation de l'argent employé dans l'agriculture est beaucoup trop lente pour que les termes ordinaires du crédit personnel soient suffisants. » Nous préférons donc le système appliqué par M. Wollemborg en Italie. Les prêts consentis par ses sociétés de crédit agricole peuvent être faits à longue échéance, mais tous ces prêts sont représentés par des billets à ordre à trois mois. Ainsi d'une part, en cas d'urgence, le banquier peut réclamer son prêt après trois mois, et d'un autre côté l'agriculteur sera ainsi obligé de payer régulièrement les intérêts de l'emprunt. Nous ne serions même pas éloigné de demander que l'agriculteur soit forcé de payer à l'échéance de chaque billet, non seulement les intérêts échus. mais encore une faible partie du capital emprunté. Ce moyen nous semble le plus propre à faciliter le remboursement total à l'échéance finale.

D) *L'administration de ces sociétés doit-elle être gratuite ou payante*?

Nous avons vu que pour les Darlehnskassen, Raiffeisen avait proclamé le principe de la gratuité des fonctions d'administrateur et que Schulze avait donné, aux administrateurs des associations d'avances, un tantième sur les opérations annuelles. On ne saurait mieux montrer l'erreur du principe admis par Schulze, qu'en parlant des événements fâcheux qu'il a occasionnés. Un grand nombre de Vorschussverein sont tombées en faillite ces dernières années, et la plupart de ces banqueroutes n'ont été souvent que la conséquence du caractère lucratif des fonctions d'administrateur. On doit toujours redouter les opérations faites par une administration intéressée dans les bénéfices d'une société. Ces administrateurs sont tentés de se jeter dans des spéculations aventureuses, dans l'espoir de réaliser de gros bénéfices ; ils cherchent à multiplier leurs opérations, et par suite, les font moins sûres. Tous ces dangers n'existent pas lorsque l'administration de la société est gratuite, c'est pourquoi nous préconisons le principe de la gratuité des fonctions d'administrateur.

E) *Quelle destination faut-il donner aux bénéfices réalisés par les sociétés de crédit agricole* ?

Les associations d'avances ont toujours eu pour trait caractéristique de distribuer des bénéfices sous forme de dividende à leurs associés ; les caisses de prêt Raiffeisen ont toujours suivi un principe opposé et leur fondateur a toujours prohibé toute distribution de dividendes. Nous serons moins catégorique. Les sociétés de crédit agricole ne sont pas instituées pour distribuer de gros bénéfices à leurs actionnaires, mais pour leur procurer du crédit à bon marché. Les bénéfices de ces sociétés ont leur principale source dans la différence qui existe entre le taux auquel elles empruntent et celui auquel elles prêtent. Dans ces conditions, on conçoit facilement qu'une caisse rurale qui réalise de gros bénéfices, est une caisse qui procure un crédit onéreux pour les emprunteurs. Supposons une société de crédit mutuel qui emprunte des capitaux à 4 0/0 ; elle prêtera à 4,50 0/0, les 0,50 0/0 constitueront ses bénéfices. Bénéfices qui permettront, d'une part, de couvrir les frais généraux d'administration, et de l'autre de constituer un capital de réserve sérieux. Mais si cette société veut, une fois ces bénéfices ainsi répartis, distribuer des dividendes à ses membres, elle sera obligée de consentir des prêts non plus à 4,50 0/0 mais à 5 0/0 ou 5,25 0/0. Le crédit sera plus onéreux pour l'emprunteur, et la caisse rurale aura dépassé son but. L'idéal pour une société de crédit agricole, serait donc de fixer le taux d'intérêt des emprunts de telle sorte qu'une fois les sommes affectées à la réserve et aux frais généraux prélevées, il ne lui reste aucun bénéfice disponible. Mais en pratique, la chose paraît assez difficile ; il restera donc toujours une certaine somme de bénéfices. Nous ne proposons pas d'adopter ici le système Raiffeisen ; il nous semble plus équitable de rendre ces sommes aux sociétaires qui ont contribué à les constituer. Ce reliquat devra être distribué entre les sociétaires proportionnellement aux opérations qu'ils auront faites avec la société ; cette répartition n'est pas à proprement parler une distribution de dividendes, mais plutôt la restitution d'une somme indûment prélevée sur chacune de leurs opérations.

CHAPITRE V

HISTORIQUE DE LA LOI : PROPOSITIONS ET PROJETS SUCCESSIFS AYANT POUR OBJET L'ORGANISATION DU CRÉDIT AGRICOLE. — PROPOSITION MÉLINE. — MODIFICATIONS QU'ELLE A SUBIES DEVANT LA CHAMBRE ET LE SÉNAT. — BUT ET OBJET DE LA LOI DU 5 NOVEMBRE 1894.

Après la chute lamentable de la Société de crédit agricole en 1876, on n'osa plus parler de quelque temps de l'organisation du crédit agricole. Cette accalmie fut de courte durée, et devant les plaintes et les doléances de l'agriculture de nouveaux projets dus, soit à l'initiative gouvernementale, soit à l'initiative privée, furent déposés sur le bureau de la Chambre et du Sénat, en vue de procurer le crédit à notre agriculture.

Dès le 20 juillet 1882 (1), M. de Mahy, alors ministre de l'agriculture, présentait au Sénat un projet sur l'organisation du crédit agricole. M. Labiche fit un rapport concluant à l'adoption de ce projet (2). Les dispositions de la proposition se groupaient sous quatre titres : 1° le nantissement sans déplacement du gage (art. 1 à 23) ; 2° restriction du privilège du bailleur d'un fonds rural

(1) *Journal officiel* du 6 août 1882, annexe, p. 471.
(2) *Journal officiel* du 30 novembre 1883, annexe, p. 997.

(art. 24) ; 3° subrogation de plein droit des privilèges mobiliers sur les indemnités dues par les compagnies d'assurances (art. 25) ; 4° commercialisation des billets à ordre (art. 26). Le projet fut, dans une première délibération, trouvé incomplet ; on le renvoya de nouveau à la commission spéciale. Il revint bientôt devant le Sénat, qui en repoussa la plus grande partie, si bien qu'il n'admit que les dispositions relatives au privilège du bailleur d'un fonds rural, et à l'attribution des indemnités dues par suite d'assurances. Le vote de ces dispositions constitue la loi du 19 février 1889 (1). L'ensemble du projet de loi ayant échoué, le titre de « loi sur le crédit agricole mobilier » fut supprimé.

Le 28 juillet 1882, M. Bozérian déposa au Sénat une proposition tendant à l'organisation de banques agricoles (2) ; deux ans plus tard, proposition de M. de Sonnier (3). En 1885, M. Dethou présenta à la Chambre des députés un projet de loi ayant pour objet l'ouverture d'un crédit agricole et populaire (4).

Puis vinrent, par ordre de date, les différentes propositions de M. Guillemet, 5 juillet 1890, de M. Antonin Proust, du 25 octobre 1890, de M. Jules Develle, ministre de l'agriculture, et de M. Rouvier, ministre

(1) V. D. P. 89.4.29. V. *Annuaire de législation française*, 1890, p. 49.

(2) *Journal officiel*, 10 août 1882, annexe, p. 506.

(3) *Journal officiel* du 23 février 1884, annexe, p. 34.

(4) *Journal officiel* du 4 mars 1885, annexe, p. 30.

des finances, le 12 janvier 1892, de M. Jean Codet, du 15 janvier 1894 (1).

Enfin, dès le 10 mai 1890, M. Méline déposa sur le bureau de la Chambre, un projet de loi signé par plusieurs de ses collègues, ayant pour objet l'organisation du crédit agricole et populaire. Ce projet de loi, sensiblement modifié, est devenu la loi du 5 novembre 1894. Il importe d'étudier et de faire connaître le contenu de la proposition Méline, tout en signalant les modifications qui y ont été apportées, au cours des discussions

(1) V. *Journal officiel* du 25 octobre 1890, annexe, p. 1510 ; 9 janvier 1891, annexe, p. 336 ; 15 janvier 1894, annexe, p. 24 ; 17 février 1893, annexe, p. 159.

L'initiative privée n'était pas restée inactive. Des hommes de cœur et d'action avaient tenté avec succès d'organiser le crédit agricole par la mutualité. En 1885, le syndicat agricole de Poligny (Jura) présidé par M. Alfred Bouvet, fonda une association de crédit mutuel sous la forme d'une société anonyme à capital variable et à responsabilité limitée. Le capital fut fixé à 20.000 francs dont la moitié fut versée. De 1885 à 1890, l'association a fait pour plus de 700.000 fr. de prêts. Mais elle ne prête qu'à ses sociétaires qui doivent faire partie du syndicat. Pour être membre de la société, il faut être membre du syndicat et posséder une action de 50 francs, libérée de moitié. Le Crédit mutuel de Poligny est présidé par M. Milcent.

L'exemple donné par le Jura, fut bientôt suivi par M. Chénon de Leche qui créa, le 11 septembre 1891, « la Banque populaire agricole de St-Florent-sur Cher ». Les syndicats d'Indre-et-Loire, des Deux-Sèvres, de Lunéville entrèrent alors dans la même voie.

En 1892 et 1893, M. Louis Durand de Lyon, organisait dans le Sud-Est plus de 80 caisses rurales, fondées sur le principe de la responsabilité illimitée. M. Méline voulut actionner et faciliter l'initiative privée en déposant un projet de loi sur l'organisation du crédit agricole. V. sur ce point *Annuaire de législation française*, 1894, p. 90 ; Rostang, *L'action sociale par l'initiative privée* et *Officiel*, séance du 14 juin 1892, p. 825.

parlementaires (1). Le texte de la proposition Méline était signé par MM. Jules Méline, Viger, Marty, Comte de Juigne, Paulmier, Louis Passy, G. Graux et Cordier, députés.

M. Méline, dans l'exposé des motifs de son projet, nous fait connaître le mécanisme des banques agricoles qu'il voudrait créer. Voici, brièvement résumées, les idées de M. Méline, et des signataires de la proposition de loi. Le crédit agricole est devenu une nécessité ; il s'impose, si l'on veut combattre la crise agricole, et mettre à profit les découvertes faites dans les laboratoires. Les méthodes nouvelles d'exploitation demandent des capitaux, et l'agriculteur, ou plutôt le petit agriculteur, n'en a pas. Comment peut-on procurer ce crédit au cultivateur ? Il faut repousser l'idée de l'intervention directe de l'État, et se borner à attirer les capitaux vers l'agriculture. Depuis longtemps le problème du crédit agricole est résolu à l'étranger, quand chez nous il reste stationnaire. Et cependant notre agriculteur offre, aussi bien que le paysan allemand ou italien, des gages précieux aux capitalistes. Leur gage, ce sont leurs outils, leur bétail, leur récolte. On a proposé d'introduire dans notre loi le gage sans déplacement, mais il faut le condamner comme devant entraîner des formalités gênantes pour l'agriculteur et des responsabilités lourdes, en cas de détournement de l'objet donné en

(1) V. *Officiel*, *Documents parlementaires*, 10 mai 1890, p. 700, n° 547.

gage sans déplacement. En dehors du gage, on ne peut s'occuper que du crédit personnel de l'agriculteur. On constate que le cultivateur n'a pas de crédit, pour deux raisons : le défaut d'organisation d'un véritable crédit national, et l'impossibilité dans laquelle se trouve un capitaliste, d'apprécier la valeur morale de l'emprunteur. Il faut établir un organe qui servira d'intermédiaire entre l'agriculteur et le banquier ; il faut organiser des banques locales. « C'est par en bas qu'il faut organiser le crédit agricole en créant dans chaque commune un véritable jury de classement, par de petites banques locales. » On ne peut arriver à la constitution de ces banques, qu'en essayant de vaincre l'inertie des agriculteurs, et de développer les syndicats agricoles. A cette fin, il faut transformer les syndicats agricoles en sociétés locales de crédit faisant des opérations de banque. L'organisation des sociétés commerciales, et des banques, est trop compliquée ; il importe que ces sociétés de crédit agricole puissent se créer plus rapidement, en ne leur imposant que des formalités fort simples. Ces formalités seront : 1° rédaction de statuts destinés à avertir les tiers ; 2° dépôt de ces statuts à la sous-préfecture ; 3° obligation d'avoir une comptabilité régulière ; 4° dépôt annuel à la préfecture de la liste des adhérents et de l'état sommaire des affaires sociales ; 5° limitation des opérations que doivent faire ces sociétés aux besoins urgents de l'agriculteur. Le rôle de ces sociétés ainsi constituées, sera de distribuer le crédit et non de l'argent aux agriculteurs ; les syndicats transformés devront se borner à recevoir les billets des agriculteurs et à y mettre leur signature en garantie. Cependant ces petites banques auront besoin de numéraire pour leur fonctionnement et pour faire des prêts en argent. Les syndicats transformés n'émettront jamais d'actions, ils feront souscrire des parts. « Le capital-action sera représenté par des versements (souscriptions et cotisations) et le capital-obligation, par les versements volontaires en comptes courants. » A la fin de chaque exercice, les bénéfices seront répartis de la façon suivante : une part sera affectée à la constitution d'un fonds de réserve qui ne devra pas être supérieur à 20 fois, ni inférieur à 10 fois le montant des cotisations et souscriptions ; l'autre sera répartie entre les intéressés au prorata des opérations faites par eux. A la dissolution de la société, les sommes de la réserve seront réparties entre les adhérents, proportionnellement aux sommes qu'ils ont apportées à la société. La responsabilité des sociétaires sera déterminée par les statuts ; à leur défaut, la solidarité illimitée est de règle.

Telle est la proposition de M. Méline relative à l'organisation du crédit agricole ; ce projet de loi organise aussi dans les mêmes conditions le crédit ouvrier et populaire par l'intermédiaire des syndicats.

La proposition de loi de M. Méline fut renvoyée à une commission spéciale, qui apporta au projet primitif des modifications assez profondes, qu'il est intéressant de connaître.

1° Le nouvel article 1 fut ainsi modifié : « Tout syndicat professionnel a la faculté de se constituer en société de crédit, pour faciliter et garantir les opérations de toute nature, rentrant dans ses attributions et réalisées, soit par lui, soit par un ou plusieurs de ses membres. Il peut recevoir des dépôts de fonds en comptes courants, avec ou sans intérêts, se charger relativement aux opérations du syndicat des recouvrements à faire par ses adhérents, et de contracter les emprunts nécessaires pour constituer ou augmenter le fonds de roulement de la société. — Des membres d'un syndicat peuvent, sans cesser d'en faire partie, se constituer à l'état de société de crédit aux mêmes conditions que le syndicat, pourvu que leurs opérations se rattachent exclusivement à celles du syndicat lui-même. » Ce dernier paragraphe n'oblige pas les syndicats à se transformer en sociétés commerciales comme le voulait la proposition Méline ; les syndicats peuvent conserver leur caractère d'association civile, s'ils y tiennent, mais ils peuvent, s'ils le jugent utile, créer à côté d'eux une institution de crédit.

2° Le nouvel article 2, élaboré par la commission, déclare que les statuts de ces sociétés nouvelles pourront toujours régler la part de responsabilité qui incombera à chacun des membres de la société. En cas de silence des statuts, le principe de la solidarité ne sera jamais admis de plein droit ; pour être appliqué, il faudra qu'il ait été stipulé d'une façon expresse.

3° La commission a apporté quelques modifications à l'article 3, relativement à la répartition des bénéfices. Les bénéfices nets seront affectés, jusqu'à concurrence des 3/4, à la constitution d'un fonds de réserve ; 1/5 seulement sera réparti entre les membres des syndicats au prorata des opérations faites par eux.

4° Le nouvel article 4 supprime l'obligation, pour les sociétés nouvelles, d'avoir une comptabilité régulière et la remplace par une comptabilité tenue à jour, qui permettra de juger la situation de chaque société et la nature de ses opérations.

5° Enfin, pour terminer l'énumération des modifications apportées par la commission, nous signalerons la disparition du paragraphe de la proposition Méline relatif aux dons et legs. La commission a fait remarquer que l'article était inutile, l'article 6 de la loi du 28 mars 1884 restant toujours applicable (1). Le projet Méline ainsi transformé présente le caractère suivant : les banques qu'il veut créer se bornent à garantir les billets souscrits par les agriculteurs ; ce sont, en un mot, des petites banques locales d'escompte ayant pour but unique de donner aux billets agricoles la signature de garantie toujours si difficile à obtenir.

C'est dans ces conditions que ce projet modifié avec

(1) Sur toutes ces modifications, V. Rapport de M. Mir, *Officiel*, 1892, annexe, p. 206, n° 2036.

l'assentiment de ses signataires fut présenté à la Chambre des députés sur un rapport très documenté de M. Mir. Le projet fut discuté en première et deuxième délibération.

Première délibération de la Chambre. — Lors de la première discussion de la proposition de M. Méline, MM. Etcheverry, Doumer, Hubbard, Arnauld-Dubois, Develle, ministre de l'agriculture, dirigent contre cette proposition un certain nombre de critiques, auxquelles les modifications apportées plus tard par le Sénat ont donné en partie satisfaction.

M. Etcheverry s'élève contre la transformation des syndicats en sociétés de crédit, qui va provoquer un trouble profond dans l'organisation même des syndicats. Si les sociétés que l'on se propose de fonder doivent être des sociétés commerciales, il convient de les astreindre à la comptabilité commerciale. Ces sociétés de crédit ne doivent pas seulement se composer d'agriculteurs ou d'ouvriers appartenant à la même profession, il importe que toutes les professions soient représentées « pour ne pas limiter les opérations » des petites banques. Ce qu'il faut, c'est essayer de fusionner les classes et les professions, en permettant à tous les travailleurs faisant partie ou non d'un syndicat, de constituer des sociétés de crédit. M. Etcheverry termine son discours, en exprimant le regret que la commission n'ait pas mis d'accord la proposition en discussion avec celle sur les sociétés coopératives de crédit, de telle sorte que les sociétés coopératives de crédit puissent revêtir un type uniforme. — M. Méline répond par un long discours à M. Etcheverry.

L'orateur reprend la question en son entier, et montre que le projet repose sur le grand principe de la mutualité ; pour organiser les banques agricoles, il faut simplifiér la législation commerciale. Les banques que l'on se propose de créer ne seront pas de grandes sociétés coopératives, réunissant de gros capitaux, mais des petites banques de famille avec un champ d'opérations beaucoup plus limité. Une raison puissante a engagé la commission à rattacher la création des banques agricoles à l'organisation même des syndicats. Elle a voulu faire vite en profitant d'une organisation déjà florissante et n'ayant qu'un pas à faire pour entrer dans le crédit. On n'impose à aucun syndicat cette transformation en société de crédit ; les syndicats restent donc toujours libres de choisir le parti qu'ils jugeront convenable. Le projet de loi jouit ainsi d'une élasticité remarquable, qui permet aux agriculteurs syndiqués toutes les combinaisons désirables. M. Méline termine ainsi son discours : « Quand on envisage la question par tous ses côtés, quand on l'élève à cette hauteur, on reste convaincu que le crédit agricole et populaire est certainement l'instrument le plus puissant de pacification sociale, peut-être le seul moyen d'opérer la réconciliation si désirable du capital et du travail (1). »

(1) Chambre des députés, séance du 16 juin 1892.

Après M. Méline, M. Jules Develle monte à la tribune; il se déclare partisan de la proposition de loi soumise aux Chambres, tout en craignant qu'on lui donne une extension trop grande. Il déclare qu'il serait peut-être bon et utile de créer une banque agricole centrale ayant pour mission exclusive de recueillir le papier agricole.

M. Doumer et M. Déroulède émettent des doutes sur l'utilité de la loi qu'on leur propose de voter ; ils craignent qu'on ne crée « qu'un fantôme de crédit agricole qui s'évanouira lorsqu'on voudra le saisir ». M. Arnauld-Dubois intervient au débat et trouve le projet incomplet; il montre la nécessité du concours des caisses d'épargne en matière de crédit agricole. Le rapporteur de la loi, M. Mir, répond à toutes ces critiques. M. Hubbard vient appuyer les observations présentées par M. Doumer. Il envisage la question à un tout autre point de vue que la commission ; la question d'argent est capitale en matière de crédit agricole, et c'est de la question d'argent qu'il faut s'occuper en premier lieu. Puis il développe longuement un contre-projet, qui est un véritable projet de banque d'État et d'émission (1). Ce contre-projet fut combattu par le rapporteur et repoussé par la Chambre des députés dans la même séance. Après M. Mir, M. Doumer insiste encore sur l'inutilité du projet Méline, et demande qu'on le complète par des moyens qui mettent réellement de l'argent à la disposition de l'agriculture. « Faisant partie d'une loi de crédit agricole, a-t-il dit,

(1) V. ce contre-projet, *Officiel*, séance du 20 juin 1892.

vos dispositions se comprennent ; seules, elles ne signifient rien. » Après quelques mots de M. Méline et de M. Arnauld-Dubois, la discussion générale a été close (séance du 18 juin 1892).

Deuxième délibération de la Chambre. — La proposition Méline vint en deuxième délibération devant la Chambre le 29 avril 1893. Dans cette séance, M. Quintaa demande que le gouvernement présente le plus tôt possible un projet d'assurance obligatoire, que l'orateur considère comme le fondement même du crédit agricole. Après lui M. Martinon rappelle qu'on a déposé une proposition de loi « sur les magasins généraux de l'agriculture ». Le ministre de l'agriculture promet que ces deux questions seront bientôt étudiées par le gouvernement. Enfin M. Frédéric Gousset, fait revenir la Chambre sur le vote émis au sujet de l'article 4 et obtient que toutes les sociétés de crédit soient obligées de tenir une comptabilité commerciale.

Première et deuxième délibérations du Sénat. — La proposition de loi,votée par la Chambre des députés, fut transmise au Sénat, à la fin de la session de 1893. Une commission sénatoriale examina le projet et M. Labiche présenta en son nom, un long rapport au Sénat. Devant les critiques de la commission sénatoriale, le gouvernement institua une commission extra-parlementaire ayant pour but de préparer un terrain d'entente. Cette commission comprenait, outre les sénateurs et députés qui s'intéressaient particulièrement à la question, les directeurs de nos grandes administrations publiques, les membres du conseil d'agriculture, les directeurs de la Banque de France et du Crédit foncier.

Après avoir étudié la proposition de loi dans ses plus petits détails, la commission extra-parlementaire émit un certain nombre de décisions, qui donnaient en partie satisfaction aux idées sénatoriales. Le nouveau projet ainsi élaboré différait de celui voté à la Chambre des députés sur plusieurs points :

1° Le titre de la loi est modifié ; elle s'appellera « loi relative à la création de sociétés de crédit agricole ». On supprime tout ce qui a trait à l'organisation du crédit populaire et ouvrier. On cédait ainsi aux critiques de M. Labiche déclarant que l'agriculture avait toujours eu des habitudes et des tendances différentes de celles de l'industrie.

2° Aux termes de l'article 1er voté par la Chambre, les syndicats eux-mêmes avaient la faculté de se constituer en société de crédit ; le texte nouveau autorise la création de sociétés de crédit, soit par la totalité des membres d'un ou de plusieurs syndicats, soit par une partie des membres de ces syndicats. De telle sorte que les syndicats eux-mêmes deviennent indépendants des sociétés de crédit qui voudront se créer à côté d'eux ; le syndicat conserve son caractère civil et la société de crédit prend le caractère commercial.

3° Le dépôt des statuts à la mairie et à la sous-préfecture est remplacé par celui aux greffes de la justice de paix et du tribunal de commerce.

4° Le nouvel article 6 donne une sanction à la responsabilité des administrateurs de la société.

Le projet ainsi modifié par la commission extra-parlementaire, fut accepté par la commission sénatoriale. Le Sénat approuva le projet qui lui était présenté en première délibération, le 27 avril 1894, malgré les critiques de M. Buffet contestant l'utilité du projet. Le 21 mai 1894, le Sénat le vota en deuxième délibération après l'avoir complété sur quelques points. D'accord avec la commission, on ajouta un paragraphe additionnel à l'article 1er. « Dans le cas où la société serait constituée sous la forme de société à capital variable, le capital ne pourra être réduit pour la reprise des apports des sociétaires sortants au-dessous du montant du capital de fondation. » A la fin de l'article 3, § 3, on ajouta les mots : « entre les syndicats et entre les membres des syndicats ».

Retour du projet à la Chambre. — Le projet voté et modifié par le Sénat vient en discussion à la Chambre le 27 octobre 1894, sur un rapport de M. Codet. Le rapporteur, tout en regrettant certaines modifications apportées par le Sénat, trouve le projet bon en soi et demande à la Chambre de le voter, tel qu'on le lui présente pour ne pas retarder une loi attendue depuis longtemps dans le monde agricole. M. Lacombe trouve le projet inutile depuis qu'on a restreint la loi aux syndicats agricoles. M. Jaurès, dans un long discours, étudie les sociétés de crédit des deux systèmes allemands, et montre qu'elles sont toutes entre les mains des capitalistes ; l'orateur fait alors une véritable conférence sur le socialisme agraire. M. Lacombe prend de nouveau la parole et fait remarquer qu'il serait bon de frapper de l'impôt les bénéfices accumulés qui seront distribués au bout du temps fixé pour la durée des sociétés de crédit. M. le ministre des finances, M. Poincaré, vient soutenir et appuyer les observations présentées par M. Lacombe. Il faut que ces bénéfices soient frappés par l'impôt, et si une loi est nécessaire il la déposera sur le bureau de la Chambre. La loi est votée sans modification le 27 octobre 1894. Le président de la République la promulgua au *Journal officiel* du 6 novembre 1894.

Le titre même de cette loi résume son objet, et l'étude historique à laquelle nous venons de nous livrer, nous permet de préciser son but. Elle favorise la création par les membres des syndicats agricoles et à côté de ces syndicats des sociétés de crédit agricole. Elle leur accorde, dans ce but, certaines faveurs et certains avantages qui leur permettent de s'affranchir des formalités trop gênantes du droit commercial. Tandis que la proposition Méline demandait la création des syndicats de crédit, la loi du 5 novembre 1894 permet seulement de fonder des sociétés de crédit. Cette loi, comme le disait M. Codet dans son rapport à la Chambre, « stimule les initiatives et les invite à former des sociétés en simplifiant les formalités imposées par la loi du 24 juin 1867 et en leur accordant les avantages tels que l'exemption des droits de patente et de l'impôt mobilier ». Il importe maintenant après avoir donné le texte de la loi nouvelle de l'étudier dans ses détails.

Texte de la loi du 5 novembre 1894.

Article 1. — Des sociétés de crédit agricole peuvent être constituées, soit par la totalité des membres d'un ou de plusieurs syndicats professionnels agricoles, soit par une partie des membres de ces syndicats ; elles ont exclusivement pour objet de faciliter, et même de garantir les opérations concernant l'industrie agricole, et effectuées par ces syndicats, ou par des membres de ces syndicats.

Ces sociétés peuvent recevoir des dépôts de fonds en comptes courants, avec ou sans intérêt, se charger relativement aux opérations concernant l'industrie agricole, des recouvrements et des paiements à faire pour les syndicats ou pour les membres de ces syndicats. Elles peuvent notamment contracter les emprunts nécessaires pour constituer ou augmenter leur fonds de roulement.

Le capital social ne peut être formé par des souscriptions d'actions. Il pourra être constitué à l'aide de souscriptions des membres de la société.

Ces souscriptions formeront des parts qui pourront être de valeur inégale ; elles seront nominatives et ne seront transmissibles que par voie de cession aux membres des syndicats, et avec l'agrément de la société.

La société ne pourra être constituée qu'après versement du quart du capital souscrit.

Dans le cas où la société serait constituée sous la forme de société à capital variable, le capital ne pourra être réduit par les reprises des apports des sociétaires sortants, au-dessous du montant du capital de fondations.

Art. 2. — Les statuts détermineront le siège et le mode d'administration de la société de crédit, les conditions nécessaires à la modification de ces statuts, et à la dissolution de la société, la composition du capital et la proportion dans laquelle chacun de ses membres contribuera à sa constitution.

Ils détermineront le maximum des dépôts à recevoir en comptes courants.

Ils règleront l'étendue et les conditions de la responsabilité qui incombera à chacun des sociétaires dans les engagements pris par la société.

Les sociétaires ne pourront être libérés de leurs engagements, qu'après la liquidation des opérations contractées par la société, antérieurement à leur sortie.

Art. 3. — Les statuts détermineront les prélèvements qui seront acquis au profit de la société sur les opérations faites par elle.

Les sommes, résultant de ces prélèvements, après acquittement des frais généraux, et paiement des intérêts des emprunts et du capital social, seront d'abord affectées jusqu'à concurrence des 3/4 au moins, à la constitution d'un fonds de réserve, jusqu'à ce qu'il ait atteint au moins la moitié de ce capital. Le surplus pourra être réparti, à la fin de chaque exercice, entre les syndicats et entre les membres des syndicats au prorata des prélèvements faits sur leurs opérations. Il ne pourra, en aucun cas, être partagé sous forme de dividende entre les membres de la société.

A la dissolution de la société, ce fonds de réserve et le reste de l'actif seront partagés entre les sociétaires, proportionnellement à leur souscription, à moins que les statuts n'en aient affecté l'emploi à une œuvre d'intérêt agricole.

Art. 4. — Les sociétés de crédit, autorisées par la présente loi, sont des sociétés commerciales, dont les livres doivent être tenus conformément aux prescriptions du Code de commerce.

Elles sont exemptes du droit de patente, ainsi que de l'impôt sur les valeurs mobilières.

Art. 5. — Les conditions de publicité prescrites pour les sociétés commerciales ordinaires, sont remplacées par les dispositions suivantes :

Avant toute opération, les statuts avec la liste complète des administrateurs ou directeurs et des sociétaires, indiquant leurs noms, profession, domicile, et le montant de chaque souscription, seront déposés en double exemplaire au greffe de la justice de paix du canton où la société a son siège principal. Il en sera donné récépissé.

Un des exemplaires des statuts et de la liste des membres de la société sera, par les soins du juge de paix, déposé au greffe du tribunal de commerce de l'arrondissement. Chaque année, dans la première quinzaine de février, le directeur ou un administrateur de la société déposera en double exemplaire, au greffe de la justice de paix du canton, avec la liste des membres faisant partie de la société à cette date, le tableau sommaire des recettes et des dépenses, ainsi que des opérations effectuées dans l'année précédente. Un des exemplaires sera déposé, par les soins du juge de paix, au greffe du tribunal de commerce.

Les documents, déposés au greffe de la justice de paix et du tribunal de commerce, seront communiqués à tout requérant.

ART. 6. — Les membres chargés de l'administration de la société, seront personnellement responsables en cas de violation des statuts, ou des dispositions de la présente loi, du préjudice résultant de cette violation.

Ils pourront être poursuivis, et punis d'une amende de 16 à 200 francs.

Le tribunal pourra, en outre, à la diligence du procureur de la République, prononcer la dissolution de la société.

Au cas de fausse déclaration, relative aux statuts ou aux noms et qualités des administrateurs, des directeurs ou des sociétaires, l'amende pourra être portée à 500 fr.

ART. 7. — La présente loi est applicable à l'Algérie et aux colonies.

CHAPITRE VI

CARACTÈRES GÉNÉRAUX ET NATURE JURIDIQUE DES SOCIÉTÉS DE CRÉDIT AGRICOLE CRÉÉES PAR LA LOI DU 5 NOVEMBRE 1894.

Le nom d'association, quoique comprenant dans sa généralité toute union d'hommes qui mettent en commun leurs efforts dans un but déterminé, est en réalité réservé par nos lois, à une classe particulière de collectivités : celles qui, sans se proposer une spéculation ou un gain à réaliser, poursuivent un but général et élevé, où l'intérêt n'a pas part, telles que les associations politiques, religieuses et scientifiques. Quant aux associations qui ont pour objet la réalisation de bénéfices à partager, elles prennent le nom de sociétés civiles, commerciales et obéissent à des lois spéciales. Cette classification des associations, *lato sensu*, n'est pas seulement une classification d'école ; des différences profondes séparent en effet les associations des sociétés proprement dites. Sans faire une énumération complète de ces différences, nous dirons que les sociétés peuvent se constituer librement, lorsque les associations ont besoin d'une autorisation préalable de l'autorité publique. Les sociétés civiles ou commerciales ont une existence légale dès qu'elles se sont conformées aux lois générales qui les régissent, les associations au contraire ne peuvent naître qu'avec l'agrément du gouvernement.

Il est donc d'une importance capitale, de savoir à quel critérium particulier, à quels signes spéciaux, on pourra reconnaître et distinguer une société d'une association. « Une condition essentielle pour qu'il y ait société, c'est que les parties aient pour but de réaliser des bénéfices à partager entre elles, à l'aide d'opérations faites avec ou sur le fonds commun (1). » Le critérium qui distingue une société d'une association, est donc dans le caractère de lucre et de gain qui préside à la constitution de toute société. Ainsi le but d'une association naissante est-elle de réaliser des bénéfices? Nous dirons que c'est une société et lui appliquerons les règles relatives aux sociétés ; si son objet est autre, ce sera une association. Ces notions et ces principes élémentaires, indispensables pour la clarté de la discussion, rappelés, il convient de les appliquer aux « sociétés nouvelles que la loi de 1894 vient d'autoriser ».

En appliquant dans toute sa rigueur, le critérium que nous venons d'admettre, nous dirons que la loi nouvelle a eu en vue des associations et non des sociétés. En effet quel est le but de ces sociétés? De se procurer du crédit à bon marché, mais nullement de chercher des bénéfices. L'article 3 de la loi est formel sur ce point : « il (le bénéfice) ne pourra en aucun cas être

(1) Lyon-Caen et Renault, *Précis de droit commercial*, p. 250.

partagé, sous forme de dividende entre les membres de la société. » Toute idée de gain et de lucre est donc exclue, et il semble bien que l'on se trouve en présence d'associations proprement dites. De plus certaines tournures de phrases, employées par le législateur dans plusieurs articles de la loi, sembleraient commander cette décision. C'est ainsi que dans l'article 4 on lit : « les sociétés de crédit autorisées par la présente loi », or les associations seules ont besoin d'autorisation préalable à leur constitution, jamais les sociétés. La même idée reparaît encore dans l'article 1er : « des sociétés de crédit agricole peuvent être constituées », et un peu plus loin nous lisons encore : « ces sociétés peuvent recevoir des dépôts de fonds. » L'application des principes généraux de notre droit, et l'étude sommaire de la loi nous auraient donc conduits à déclarer d'une façon formelle que les sociétés nouvelles autorisées par le législateur n'étaient en réalité que de simples associations (1).

Mais le législateur s'est expliqué trop nettement sur ce point pour que l'on puisse un instant admettre cette solution. Aux termes de l'article 4 « les sociétés de crédit autorisées par la présente loi sont des sociétés ». Le doute n'est donc pas possible et l'on doit féliciter le législateur d'avoir fait cesser toute équivoque et controverse. Et en effet, si une première lecture de la loi nous permet de dire qu'on a devant soi des

(1) Fuzier-Herman, *Répertoire*, tome 15, *Crédit agricole*, n° 37.

associations, une étude plus approfondie de cette même loi nous prouve, qu'en réalité, nous sommes en présence de véritables sociétés au sens propre du mot. Les sociétés de crédit agricole rentrent parfaitement dans le caractère général que nous avons donné de la société. Il est certain que la distribution de dividendes est interdite par l'article 3, mais cette interdiction n'existe que pendant la durée de la société. Aux termes de l'article 3 *in fine* : « à la dissolution de la société les bénéfices seront répartis entre les sociétaires. proportionnellement à leur souscription, à moins que les statuts n'en aient affecté l'emploi à une œuvre d'intérêt agricole ». Ainsi la répartition des bénéfices n'a pas lieu régulièrement, mais elle aura toujours lieu un jour, ce qui suffit pour permettre de croire que les sociétaires ont eu pour but en s'associant de réaliser un gain. De plus, et cette observation a un caractère plus précis, les capitaux versés par les associés au fonds social sont rémunérés ; rémunération qui pourra être parfois fort élevée, puisque la loi ne fixe aucun maximum ; si bien qu'on pourra arriver à distribuer, sous forme d'intérêts rémunérateurs, de véritables dividendes.

Les sociétés de crédit agricole conserveront encore leur caractère de société dans le cas où il n'y aura aucun apport appréciable fait par les associés, c'est-à-dire lorsqu'il y aura solidarité illimitée entre tous les membres de la société (art. 1832, C. civ.). On peut dire, pour justifier cette solution, que l'apport de chaque associé consiste alors dans l'apport total de son patrimoine, et ajouter que tel a été aussi l'avis de la Chambre et du Sénat, lorsque la question a été agitée, de savoir si l'on pourrait, en bénéficiant de la loi actuelle, adopter le type des sociétés Raiffeisen (1).

Des associations qui se présentent sous de pareils auspices ne pouvaient être qualifiées par la loi que de sociétés ; aussi le législateur, en leur reconnaissant formellement ce caractère, n'a-t-il pas fait œuvre d'autorité ? Il n'a fait qu'appliquer le critérium que nous avons proposé pour distinguer une association d'une société.

En analyse profonde les sociétés de crédit agricole créées par la loi de 1894 ont un caractère lucratif indéniable, et comme telles devaient rentrer dans la classification générale des sociétés.

On distingue dans notre droit, deux types de sociétés bien différents, les sociétés civiles et les sociétés commerciales. Dans quelle classe rentrent les sociétés de crédit agricole ? L'article 4 de la loi répond à cette question « les sociétés de crédit autorisées par la présente loi sont des sociétés commerciales (1) ». Les sociétés de crédit agricole étant des sociétés commerciales constitueront des personnes morales considérées en droit comme ayant une personnalité distincte de celle des

(1) V. Rapport de M. Labiche. *Officiel*, 13 mars 1894. *Documents parlementaires*, p. 87, n° 44.

(2) Cette solution est en harmonie avec l'article 632 du Code de commerce qui met au nombre des actes de commerce « toute opération de change, banque et courtage ».

associés. Nous tirerons de ce principe des conséquences qui trouveront notamment leur application en matière de sociétés de crédit agricole.

1° Le fonds social appartient à la société seule pendant tout le temps de sa durée ; il n'y a donc pas indivision entre les associés d'une part et la société d'autre part.

2° Le droit des associés est purement mobilier, alors même que la société de crédit agricole posséderait des immeubles en conformité de l'article 6 de la loi sur les syndicats du 21 mars 1884. C'est en effet une application de l'article 529 du Code civil qui déclare expressément que les parts d'intérêts sont des meubles par la détermination de la loi.

3° L'actif social sert de gage exclusif aux créanciers sociaux à l'exclusion des créanciers personnels des associés sur ce patrimoine ; ce droit de gage spécial, appartenant aux créanciers sociaux, contribue dans une large mesure à augmenter le crédit de ces sociétés.

4° Si des litiges sont soulevés pendant la durée de la société, la société a le droit de plaider en justice, sans avoir besoin de faire intervenir les associés personnellement.

5° Les sociétés peuvent se porter caution, et nous aurons bientôt l'occasion de constater, que cette opération sera une des plus fréquentes des sociétés de crédit agricole.

6° Le caractère de personnalité de ces sociétés trouvera fort utilement son application dans une hypothèse qui pourra se présenter très fréquemment. Supposons une société de crédit agricole à responsabilité illimitée, si cette société n'était pas une personne morale, les créanciers sociaux auraient le choix, ou de poursuivre la société, ou de demander leur paiement intégral à l'un quelconque des associés solidaires (art. 1203, C. civ.). Le principe de la personnalité reconnue aux sociétés à responsabilité illimitée, l'inconvénient signalé, disparaît presque totalement. Il mettra chacun des associés à l'abri de la menace d'une poursuite exercée par les créanciers sociaux pour la totalité de la créance au cours de la société ; le principe de l'obligation solidaire sommeillera tant que durera l'association pour ne reprendre son empire qu'à la dissolution de la société.

7° Enfin nous disons que par le fait seul que l'on reconnaît aux sociétés de crédit agricole une personnalité distincte de celles des associés, on leur reconnaît la capacité de recevoir à titre gratuit, sans être soumises à aucune obligation de demande d'autorisation. L'article 4 de notre loi est muet sur la question des dons et legs et n'apporte aucune restriction formelle à la capacité de recevoir des sociétés de crédit agricole. Il n'en était pas ainsi dans le projet primitif présenté par M. Méline. L'article 4 portait : « Ils (les syndicats) peuvent ester en justice et, avec l'autorisation du préfet, recevoir des dons et legs par dérogation à l'article 5 de la loi du 21 mars 1884 ; il leur sera permis d'acquérir, avec leur fonds de réserve, les immeubles nécessaires au fonctionnement de leurs services ». On a fait justement remarquer (1) que M. Méline, en voulant favoriser la création de sociétés de crédit agricole par les syndicats transformés, avait restreint la capacité des syndicats qui ne voudraient pas faire des opérations de crédit. D'après la loi de 1884, tous les syndicats peuvent recevoir des dons et legs, sans aucune autorisation, sauf à respecter les dispositions spéciales de l'article 6 qui interdit aux syndicats d'avoir des immeubles qui ne sont pas affectés à certains emplois déterminés. La commission spéciale a fait disparaître de la proposition de loi, le paragraphe relatif dans l'article 4 aux dons et legs, en déclarant que l'on devrait appliquer le droit commun combiné avec l'article 6 de la loi de 1884. Nous dirons donc que les sociétés de crédit agricole ont la capacité de recevoir par donation ou testament, si les objets donnés ou légués sont des meubles — ou des immeubles rentrant dans la catégorie de ceux que l'article 6 autorise les syndicats à posséder. Les donations ou les legs, faits en dehors de ces conditions, seraient nuls par application de l'article 6 *in fine* de la loi de 1884 « dans le cas de libéralité (prohibée) les biens feront retour aux disposants ou à leurs héritiers ou à leurs ayants cause ».

(1) Durand, *Le Crédit agricole*, p. 681.

Avec l'article 4 de la loi du 5 novembre 1894, nous avons constaté que les sociétés de crédit agricole, étaient de véritables sociétés commerciales jouissant du privilège de la personnalité civile. Il importe maintenant de préciser les idées, et de se demander dans quelle catégorie de sociétés commerciales rentrent les sociétés de crédit agricole. Parmi les grandes classifications le plus souvent proposées, se trouve celle des sociétés en sociétés de personnes et en sociétés de capitaux. Les sociétés de personnes ont pour fondement la considération de la personne et de ses qualités morales ou pécuniaires. Dans les sociétés de capitaux au contraire, on obéit à une toute autre préoccupation ; on cherche principalement des capitaux, sans s'occuper d'où ils viennent, ni des personnes auxquelles ils appartiennent ; on tient au capital, non à la personne. On comprend que des sociétés, nées dans des circonstances si différentes, soient régies par des règles opposées. Ainsi la mort d'un associé, dans une société de personnes, est une cause de dissolution de la société ; même observation en cas d'interdiction, de déconfiture ou de faillite de l'un des associés. Tous ces événements n'ont aucune influence dans une société de capitaux. D'autre part la considération de la personne étant d'une importance capitale dans une société de personnes, on comprend que la cession d'une part sociale ne puisse se faire qu'avec le consentement des coassociés. C'est donc l'intention des parties qu'il faut connaître, pour savoir si l'on a devant soi une société de capitaux ou une société de personnes. Parfois cette intention sera exprimée d'une façon non équivoque, souvent aussi il faudra étudier des circonstances de fait, qui permettront d'arriver à découvrir si les associés ont voulu s'attacher à l'*intuitu personæ*. Nous poserons toutefois un principe : le fait que la part d'un associé peut être transmise sans le consentement des autres associés, est toujours suffisant pour montrer que la société n'est pas une société de capitaux.

En nous plaçant à tous ces points de vue, nous pouvons dire sans hésitation que les sociétés de crédit agricole sont des sociétés de personnes (1). Et d'abord l'intention des parties ne saurait être douteuse, car d'après la loi les seules personnes qui peuvent constituer ces sociétés, sont des membres d'un même syndicat; ce sont des contractants se connaissant déjà, qui veulent garantir leurs engagements; ils s'unissent et s'associent parce qu'ils apprécient leurs qualités morales et pécuniaires, et fondent une société en considération des personnes qui doivent la composer. De plus la nouvelle loi défend d'une façon absolue l'émission d'actions et exige que les souscriptions de parts restent nominatives. Enfin, et cette dernière prescription suffirait à elle seule pour nous faire dire que ces sociétés nouvelles sont des sociétés de personnes : les parts

(1) *Revue critique de législation et de jurisprudence*, tome XXIV, 1895, p. 325.

sociales ne sont transmissibles que par voie de cession aux membres des syndicats avec l'agrément de la société. Nous nous trouvons donc bien en face de sociétés de personnes telles que nous les avons conçues. Il convient de préciser davantage la nature de ces sociétés.

Les sociétés formées en considération de la personne se subdivisent à leur tour, dans notre droit, en deux types spéciaux. On distingue les sociétés en nom collectif, et les sociétés en commandite simple. Dans la société en nom collectif tous les associés sont tenus personnellement et solidairement des dettes sociales (art. 20 et 22 du C. de com.). La société en commandite simple ou par intérêt est composée de commandités et de commanditaires ; les commandités sont placés dans une situation semblable à celle des associés en nom collectif, ils sont tenus comme ces derniers solidairement et indéfiniment des dettes sociales ; les commanditaires au contraire ne sont tenus que jusqu'à concurrence de leur apport. Il convient d'ajouter, pour distinguer la commandite simple de la commandite par actions, que la considération des personnes joue toujours un rôle prépondérant dans la constitution des commandites simples même relativement aux commanditaires. Peut-on dire que les sociétés de crédit agricole sont des sociétés en nom collectif ? Elles peuvent le devenir par la volonté même de tous les associés s'engageant dans les liens de la solidarité. En effet l'article 2 déclare que les statuts règleront l'étendue et les conditions de la responsabilité qui incombera à chacun des sociétaires dans les engagements pris par la société ». Le principe de la solidarité, qui est le fondement de la société en nom collectif, peut donc être de la nature de ces sociétés, mais non de leur essence ; en un mot la solidarité est possible, mais non obligatoire légalement. On se souvient que dans la proposition Méline, l'article 2 avait une rédaction bien différente « en cas de silence des statuts, ceux-ci (les adhérents) sont responsables solidairement ». La commission fit disparaître cette disposition et la remplaça par le texte actuel de l'article 2. On ne peut donc pas dire aujourd'hui que les sociétés de crédit agricole rentrent dans le type des sociétés en nom collectif.

Il est aussi impossible d'admettre que ces sociétés sont des sociétés en commandite simple. On peut parfaitement reconnaître aux membres de ces sociétés le caractère de commanditaire, mais on ne trouve pas de commandités. Dès lors, la conclusion de ce débat s'impose, les sociétés de crédit agricole n'étant ni des sociétés en nom collectif, ni des sociétés en commandite simple, doivent constituer à elles seules un type nouveau de société dans notre droit commercial. C'est ce résultat que constatait M. Etcheverry dans son discours lors de la discussion générale de la loi : « Quelle sera cette forme de société ? ce ne sera pas la société en commandite, puisqu'elle suppose des associés à responsabilité illimitée à côté d'associés à responsabilité limitée ; ce ne sera pas la société en nom collectif qui repose sur la solidarité illimitée de tous les membres. Quelle sera donc cette forme de société? Il nous semble que la commission aurait pu s'expliquer sur ce point, ne serait-ce que pour donner une existence légale à cette forme de société. Actuellement elle n'en a pas. » Il a été répondu à M. Etcheverry, et on l'a répété plusieurs fois dans les débats parlementaires (1), que les sociétés permises par la loi nouvelle constituaient un type nouveau de société commerciale. C'est ce type spécial de société qu'il convient de déterminer ; il appartient au jurisconsulte de le faire lorsque le législateur a gardé un silence complet sur ce point.

Les sociétés de crédit agricole, créées par la loi du 5 novembre sont des sociétés en nom collectif avec restriction de la solidarité, des sociétés en nom collectif à responsabilité limitée. Ce sont des agriculteurs, des voisins qui s'associent parce qu'ils se connaissent, en vue d'obtenir du crédit, mais qui ne veulent engager leur responsabilité dans l'entreprise que jusqu'à concurrence d'une certaine somme. Nous retrouvons ainsi tous les caractères d'une société en nom collectif sauf la solidarité absolue des associés. L'innovation consiste

(1) M. Méline déclarait vouloir créer « un nouveau type de sociétés commerciales qui se caractérise en principe par la suppression des actions ». M. Mir s'exprimait ainsi dans la séance du 18 juin : « Nous réduisons à leur plus simple expression les formalités nécessaires à la constitution de ce type nouveau, les sociétés commerciales de crédit. »

donc dans la limitation de la responsabilité des contractants au capital social. Ce type de société, nouveau pour nous, était connu depuis longtemps dans la législation allemande. Une loi de 1868 complétée et modifiée par une loi du 1er mai 1889 avait permis la limitation de la responsabilité des associés dans les associations d'industrie et d'économie (sociétés coopératives). Un peu plus tard, le 29 avril 1892, une loi générale, sur les sociétés à responsabilité limitée, fut votée par le parlement allemand (1). Cette loi trop complexe pour être étudiée ici dans son entier, renferme cependant certaines dispositions qu'il est intéressant de connaître parce qu'elles ressemblent de très près à celles que nous retrouvons dans notre loi de 1894. Le législateur allemand a trouvé que dans bon nombre de circonstances, les formalités ordinaires de constitution des sociétés commerciales et en particulier des sociétés anonymes étaient trop compliquées. Ainsi les articles 8, 30 et 41 de la loi simplifient ces formalités : l'inscription sur le registre du commerce du nom des associés, n'est plus exigée, il suffira de déposer la liste des associés au greffe, où le registre du commerce est déposé. L'émission d'action est interdite ; on ne doit pas faire appel au public et la qualité d'associé à responsabilité limitée est acquise par la prise d'une part sociale (art. 13, al. 2). De plus, les spéculateurs sont écartés des sociétés nouvelles par deux procédés : 1° il est interdit à tout asso-

(1) *Annales de droit commercial*, 1893, p. 317.

cié de prendre plus d'une part sociale ; 2° des formalités spéciales sont prescrites pour la cession des parts sociales (intervention d'un notaire et consentement formel des associés). Enfin, les associés ne sont pas tenus sur tous leurs biens et directement envers les créanciers sociaux comme des associés en nom collectif ; l'actif social est seul tenu des dettes (art. 13, al. 2). Ce sont là autant de dispositions qui se trouvent reproduites dans la loi du 5 novembre 1894 ; il suffit pour s'en convaincre de lire les articles 1, 5, 2. Il en est d'autres au contraire que l'on trouve dans la loi allemande et que l'on ne rencontre pas dans la nôtre. C'est ainsi que l'article 15 de la loi de 1892 fixe un minimum de capital social. « Le capital d'une société à responsabilité limitée doit être de 20.000 marks au moins. » Nous devons regretter de ne point voir figurer une disposition analogue dans notre loi nouvelle. Le législateur allemand a vu qu'il était nécessaire que ces sociétés aient un capital social sérieux ; il a parfaitement compris que le crédit ne pouvait être procuré à ces sociétés qu'à cette condition. Chez nous, au contraire, il se présentera le cas suivant : quelques agriculteurs peu fortunés, mais confiants dans les promesses qui leur ont été faites sur l'efficacité de la loi lors de sa discussion, s'associeront avec un capital social insuffisant. Ils ne trouveront pas de crédit parce qu'ils ne présenteront pas aux capitalistes une garantie suffisante. Si ces petits cultivateurs veulent vraiment trouver un crédit qu'ils n'ont pas, il faut absolument qu'ils s'engagent dans les liens de la solidarité. Un capital sérieux ou la responsabilité illimitée, tels sont les facteurs du crédit, on n'en a pas encore trouvé d'autre. En matière de crédit agricole, nous ne croyons pas à l'efficacité du principe de la responsabilité limitée (1); il peut rendre de grands services à la classe moyenne et bourgeoise de la société, il peut faciliter certaines entreprises coloniales (2), mais il est incapable de donner du crédit au petit agriculteur. Aussi devons-nous regretter vivement que la commission spéciale ait supprimé de la proposition Méline l'article 2 *in fine* « en cas de silence des statuts, ceux-ci sont responsables solidairement ». Le principe de la solidarité devrait être le droit commun en matière de crédit agricole. L'expérience faite en Allemagne vient fortifier notre opinion; en 1891 on constate 1 0/0 seulement des associations coopératives ayant adopté le système de la responsabilité limitée, toutes les autres sont restées fidèles à la solidarité (3). Deux objections pourront nous être faites.

(1) Notre opinion se trouve singulièrement confirmée par ce qui se passe actuellement chez nous. M. Bouvet,directeur de la banque de Poligny,constate (*Bulletin des caisses rurales*, mai 1894) qu'un bon nombre de paysans hésitent à verser la somme infime de 12 fr. 50 pour entrer dans la banque mutuelle de Poligny ; il a été obligé de créer de petits établissements modelés sur le type Raiffeisen qui ne sont autre chose que des sociétés à responsabilité illimitée.

(2) La loi allemande de 1892 a été promulguée dans ce but principalement.

(3) V. Durand, p. 344.

L'une a un caractère général : le principe de la solidarité illimitée répugne au caractère français et nos agriculteurs ne pourront jamais l'accepter ? Il faut cependant remarquer que ce même principe, dont l'application est considérée chez nous comme impossible, a été fort bien reçu par un peuple dont les mœurs ne diffèrent pas sensiblement des nôtres (1). L'Italie possède un grand nombre de banques locales à type Raiffeisen qui se multiplient et deviennent chaque jour de plus en plus florissantes. Et en dernière analyse, il suffit de voir ce qui se passe actuellement en France, où le principe de la solidarité est admis dans un nombre fort respectable (2) de caisses rurales, pour comprendre qu'il peut s'acclimater dans notre pays.

On nous dira encore : la loi du 5 novembre ne prohibe pas les sociétés à responsabilité illimitée, elle autorise simplement un autre type à responsabilité limitée? Soit : il est entendu que la loi est une loi de liberté « une loi qui a une élasticité, une souplesse qui lui permettra de se prêter à toutes les combinaisons auxquelles voudront se soumettre les agriculteurs » ; il n'en est pas moins vrai que cette loi est aussi une loi de tendance et d'encouragement. A ce titre nous trouvons mauvais que le législateur ait semblé promettre à l'agriculteur le cré-

(1) *Revue d'économie politique*, mai 1895, p. 517.

(2) Il y a 540 caisses qui ont adopté le système Raiffeisen. V. *Bulletin des caisses rurales du Sud-Est*. V. *Réforme sociale*, octobre 1894. Caisse rurale de Geloux.

dit par la création de sociétés à responsabilité limitée. Nous craignons que les espérances du législateur ne se réalisent pas ; nous redoutons l'encouragement donné aux sociétés de crédit agricole à responsabilité limitée. Quoi qu'il en soit, un point reste acquis : la loi du 5 novembre crée un type nouveau de sociétés commerciales: les sociétés en nom collectif à responsabilité limitée.

CHAPITRE VII

CONSTITUTION DES SOCIÉTÉS DE CRÉDIT AGRICOLE.

Avant d'entrer dans l'examen détaillé des conditions constitutives des sociétés de crédit agricole, il convient de prendre position dans une question vivement controversée qui domine l'étude de la constitution de ces sociétés. Il faut se demander, si les sociétés de crédit agricole, constituées en conformité de la loi du 5 novembre 1894, restent soumises à l'application de la loi du 24 juillet 1867, modifiée par celle du 1er août 1893, en ce qui concerne les dispositions de cette loi qui ne sont ni contraires, ni incompatibles avec celles de la loi de 1894. On doit chercher si la loi nouvelle se suffit à elle-même, ou s'il convient de la compléter par la loi de 1867 combinée avec celle du 1er août 1893 (1). La loi de 1867 exige notamment un acte notarié constatant les souscriptions, un acte notarié attestant les versements obligatoires, un nombre minimum de sociétaires. La loi de 1894 ne reproduit pas ces prescriptions, faut-il dire qu'elle les a abolies ? On voit déjà l'intérêt de la discussion. Reconnaissez-vous que la loi de 1867 trouve

(1) V. *Pandectes françaises*, *Répertoire* au mot *Crédit agricole*, n° 114 et s. — V. Fuzier-Herman, *Répertoire* au mot *Crédit agricole*, n° 77 et s.

encore son application ? vous soumettrez par là même les administrateurs des sociétés de crédit agricole à des obligations sanctionnées sévèrement, si les souscriptions et les versements n'ont pas été constatés par une déclaration des administrateurs dans un acte notarié, ceux-ci auront engagé gravement leur responsabilité ; ils encourront de ce fait une amende de 500 francs à 10.000 francs, peut-être même une peine correctionnelle, sans parler de leur responsabilité civile (art. 14 de la loi de 1867). Il nous semble impossible d'admettre une solution si rigoureuse dans le silence de la loi. Les travaux préparatoires et les débats parlementaires d'une part, l'objet de notre loi et son étude comparative avec celle de 1867 d'autre part, nous permettent d'affirmer que notre loi se suffit à elle-même.

M. Mir, dans son rapport à la Chambre, s'est exprimé ainsi : « Quelques membres d'un syndicat pourront, sans cesser de faire partie du syndicat professionnel, constituer une société commerciale de crédit, *par le seul accomplissement des deux formalités suivantes* : déclarer dans les statuts de la nouvelle société, qu'elle est créée pour faire du crédit aux membres du syndicat ; effectuer le dépôt des statuts. » Dans la séance du 18 juin M. Mir dit : « la rédaction des statuts et le dépôt à la mairie, *voilà les simples formalités que nous exigerons de nos sociétés nouvelles* et c'est ce qui me permettait à la dernière séance de répondre à une interruption de M. Doumer qui me demandait à quelle prescription restaient soumises nos sociétés nouvelles : « à aucune ». M. Méline, dans la séance du 16 juin 1892, n'était pas moins affirmatif. Il suffit encore de rappeler la discussion.— M. Méline.— La législation commerciale est impraticable pour la masse de la population; pour vous en rendre compte, il suffit de rappeler les formalités que de simples cultivateurs seraient obligés de remplir, s'il leur convenait de se constituer en société de crédit par actions à capital variable ; il faut d'abord un acte notarié pour la constitution de la société.— M. Doumer.— Ce n'est pas indispensable avec la loi de 1867, pour les sociétés à capital variable.— M. Méline.— Soit; mais la déclaration du capital doit être faite devant notaire pour affirmer cette souscription et le versement du dixième..... quant à l'acte de société, *il est remplacé par le dépôt des statuts. Nous estimons que cela suffit*. M. Labiche, dans la séance du 21 mars 1894, était encore plus précis en disant : « Nous accordons aux nouvelles sociétés de crédit, dont nous voulons faciliter la constitution et le fonctionnement, un certain nombre de privilèges ; pour leur fondation notamment, elles ne seront pas soumises *à toutes les conditions et à toutes les formalités de la loi de 1867* qui éloignent avec raison un grand nombre de nos cultivateurs de la constitution de ces sociétés. »

Enfin les débats parlementaires jettent une vive lumière sur un point spécial de la discussion. M. Doumer, dans la séance du 20 juin 1892 s'adressant à la commission disait : « Vous savez que la loi exige, au moins, sept membres pour constituer une société commerciale anonyme ; si vous n'établissez dans votre loi aucune délimitation, deux propriétaires, deux banquiers pourront former une section de syndicat, faire de la banque et jouir du bénéfice que vous accordez au syndicat. » De la réponse de M. Méline, il suffit de retenir ces quelques mots significatifs : « si vous avez une pareille crainte, vous n'avez qu'à déposer un amendement, tendant à ce que le nombre des membres de la société soit de 7 au minimum. »

L'amendement n'a pas été déposé ; la disposition de la loi est donc restée entière. On peut donc affirmer qu'un nombre quelconque de personnes peut former une société de crédit agricole.

L'étude de l'article 5 de la loi de 1894, rapprochée de l'article 55 de la loi de 1867, vient singulièrement fortifier notre opinion en ce qui concerne la dispense d'actes notariés pour constater les souscriptions et les versements. Ces deux articles s'occupent de la publicité à donner aux actes constitutifs des sociétés. L'un et l'autre ont le même but : avertir les tiers, et empêcher des fraudes nuisibles à leurs intérêts. A cette fin, ils déclarent obligatoire le double dépôt au greffe de la justice de paix, et du tribunal de commerce, des actes constitutifs des sociétés commerciales, et des statuts qui en tiennent lieu pour les sociétés de crédit agricole. Là s'arrêtent les ressemblances qui existent entre les deux articles.

D'après la loi de 1867, article 55, les administrateurs des sociétés en commandite par actions et des sociétés anonymes doivent joindre au dépôt de l'acte constitutif « une expédition de l'acte notarié, constatant la souscription du capital social et le versement du quart ». On ne retrouve plus cette disposition dans l'article 5 de la loi de 1894, ce qui prouve bien que le législateur n'avait jamais exigé la rédaction d'un acte notarié pour constater les versements et les souscriptions. On ne peut croire à un oubli accidentel de la part du législateur ; il s'agit d'un oubli forcé et voulu. La publicité exigée par l'article 5 de la loi de 1894 est en effet plus sévère sur certains points que celle de la loi de 1867. Tandis que d'après la loi de 1867, le double dépôt doit être fait dans le mois de la constitution de la société pour les sociétés commerciales ordinaires, le dépôt des statuts des sociétés de crédit agricole doit être effectué avant toute opération. La loi de 1894 réglemente une publicité spéciale et annuelle, que l'on ne retrouve pas dans celle de 1867. Il serait donc bizarre que le législateur de 1894 ait laissé de côté la formalité relative au dépôt de l'expédition de l'acte notarié, constatant les souscriptions et les versements, lorsqu'il avait l'intention de compléter et d'aggraver en quelque sorte les mesures de publicité prescrites par la loi de 1867. Si cette formalité ne figure pas dans notre article 5, c'est que le législateur ne pouvait pas l'imposer, par la raison fort simple qu'il n'avait jamais obligé les fondateurs des sociétés de crédit agricole à faire rédiger un acte par devant notaire, constatant les souscriptions et les versements.

Enfin le but de la loi elle-même commande la solution que nous proposons d'adopter. On a voulu faciliter la création des sociétés de crédit agricole, en supprimant toutes formalités gênantes. Or, que fait-on dans l'opinion opposée ? On déclare que les sociétés de crédit agricole restent soumises à toutes les obligations compliquées imposées aux sociétés commerciales. On établit des règles que le législateur a eu l'intention de faire disparaître, de telle sorte que la loi de 1894 devient une loi complètement inutile. Il faut dire que notre loi nouvelle créant un type nouveau de société commerciale, ne doit pas être complétée par des dispositions empruntées à celle de 1867. Les dispositions de la loi de 1867 étaient en effet complètement inutiles pour les sociétés de crédit agricole. Ces sociétés sont des petites banques de famille, sans gros capitaux, ni répartition de dividendes ; elles sont ainsi à l'abri des spéculations. Dès lors, les mêmes dangers que dans les sociétés par actions n'étaient pas à craindre, et par suite, les formalités de leur constitution pouvaient être réduites à un minimum fixé expressément par la loi de 1894.

Nous dirons que pour constituer des sociétés de crédit agricole, il n'est pas nécessaire d'acte notarié ; l'affirmation du 1/4 du capital souscrit, n'aura pas besoin d'être faite par notaire.

L'acte de société est remplacé par la rédaction des statuts déposés en double au greffe de la justice de paix, et au greffe du Tribunal de commerce. En cas de violation des formalités exigées par la loi de 1894, les administrations des sociétés seront responsables du préjudice causé par la violation de ces dispositions (art. 6) (1).

C'est donc sous leur responsabilité que les administrateurs et les fondateurs agiraient, s'ils se livraient à une seule opération avant l'accomplissement de la disposition impérative du paragraphe 4 de l'article 1er.

Les conditions constitutives des sociétés de crédit agricole, ont été indiquées limitativement dans la loi du 5 novembre 1894 ; elles peuvent se grouper sous cinq chefs qui s'occupent successivement : 1° des personnes qui peuvent faire partie de ces sociétés ; 2° de la constitution du capital social ; 3° du versement du 1/4 du capital social ; 4° de la rédaction des statuts ; 5° de la publicité de ces mêmes statuts. C'est l'ordre que nous nous proposons de suivre dans le cours de ces explications.

I. *Personnes qui peuvent faire partie des sociétés de crédit agricole.* — L'article 1er de la loi est ainsi conçu : « Des sociétés de crédit agricole peuvent être constituées, soit par la totalité des membres d'un ou de plusieurs syndicats professionnels agricoles, soit par une partie des membres de ces syndicats. » Le législateur

(1) En ce sens, Benoît-Lévy, *Lois nouvelles*, avril 1895.

n'est pas arrivé immédiatement à cette rédaction. On se souvient en effet de l'article 1er de la proposition Méline : « Les syndicats professionnels peuvent, s'ils y sont autorisés par leurs statuts et par dérogation de l'article 3 de la loi du 21 mars 1884. » Une différence profonde sépare ces deux rédactions. Dans le projet Méline voté par la Chambre des députés, c'est le syndicat agricole, tel qu'il était organisé par la loi de 1884, qui se transformait en société de crédit mutuel. On trouvait que le fonctionnement des syndicats réclamait une législation plus libérale, répondant mieux à leurs besoins et à leurs aspirations, on réclamait pour eux l'autorisation de faire des opérations à crédit, sauf à les obliger à prendre quelques précautions dans l'intérêt des tiers. Au Sénat ce procédé a paru de nature à soulever de grosses difficultés, signalées déjà par un grand nombre de syndicats et d'économistes distingués (1). Il a rédigé alors, d'accord avec la commission extra-parlementaire, l'article 1er que nous possédons aujourd'hui. En vertu de cet article, ce n'est plus le syndicat agricole qui se transforme et prend une attribution nouvelle, c'est une société particulière qui se fonde en se détachant du syndicat. L'idée de syndicat-crédit a disparu pour faire place à celle de création de sociétés agricoles de crédit indépendantes du syndicat. Nous croyons la nouvelle rédaction bien préférable à l'ancienne. Si la proposition Méline avait été votée par le Sénat, la même association, le syndicat,

(1) V. Rostang, *L'action sociale par l'initiative privée*, p. 115 et s.

allait avoir deux qualités différentes : elle restait syndicat professionnel, elle devenait société de crédit ; cette double qualité lui permettait de faire à la fois des actes civils et des actes de commerce. Il aurait donc été nécessaire d'examiner chaque acte passé par le syndicat, pour savoir s'il émanait du syndicat association civile ou du syndicat société de crédit (1). Cette confusion entre les actes civils et les actes commerciaux n'est plus possible, en vertu de la disposition actuelle de l'article 1er. Toutefois toutes personnes ne peuvent pas constituer une société de crédit agricole ; deux conditions sont nécessaires, mais suffisantes ; il faut : 1° que tous les associés soient des agriculteurs ; 2° des agriculteurs faisant partie d'un syndicat agricole. En réalité, ces deux conditions n'en forment qu'une seule ; toute personne faisant partie d'un syndicat agricole peut entrer dans une société de crédit agricole. Cette obligation de faire partie d'un syndicat a été vivement critiquée particulièrement par M. Etcheverry et par M. Buffet. Ils ont demandé que tous les agriculteurs syndiqués ou non syndiqués puissent entrer dans les sociétés de crédit ; les besoins de tous les agriculteurs en matière de crédit étant les

(1) Rapport de M. Labiche au Sénat : « Les syndicats professionnels sont des sociétés civiles ; les actes de sociétés de crédit sont, par leur nature même, des actes de commerce qui doivent être soumis aux règles du Code de commerce et qui doivent être justiciables des tribunaux consulaires. Cette confusion du double caractère civil et commercial d'une même société pouvait avoir dans la pratique des inconvénients. »

mêmes, il serait juste de leur donner à tous les facilités pour se le procurer. On a fait remarquer fort justement, que cette disposition était utile pour éloigner les spéculateurs et les personnes étrangères à l'agriculture. Il est en effet nécessaire de connaître la qualité des personnes qui veulent entrer dans la société, puisque la loi n'est faite qu'en faveur d'une certaine classe privilégiée, les agriculteurs. Or cette qualité d'agriculteur ne peut guère s'affirmer à première vue, dans l'état actuel de notre législation, que par la participation à un syndicat agricole. On peut dire aussi que l'entrée des syndicats est toujours ouverte à tout agriculteur. Un agriculteur non syndiqué veut-il faire partie d'une société de crédit agricole, il n'a qu'à entrer dans un syndicat. Sa qualité d'agriculteur ainsi affirmée, on n'aura pas la crainte d'admettre un spéculateur et un étranger dans la société de crédit. Le titre de syndiqué présente donc une sécurité qui était réclamée par la situation de faveur, faite par le législateur aux sociétés nouvelles. Il résulte de l'article 1er que les sociétés de crédit agricole pourront comprendre soit : 1° tous les membres d'un même syndicat ; un syndicat tout entier ; 2° quelques membres d'un même syndicat ; 3° des agriculteurs appartenant à des syndicats différents ; 4° deux ou plusieurs syndicats qui auront réuni l'adhésion unanime de leurs membres. Il nous semble que la disposition de l'article 1er n'est pas à l'abri de toute critique. On aurait tort d'oublier que ces sociétés de crédit sont des sociétés de personnes ayant pour base l'*intuitu personæ*, c'est ce que le législateur a fait. Il est incontestable que des agriculteurs de syndicats différents, habitant souvent loin les uns des autres, sont dans l'impossibilité presque absolue d'apprécier à leur juste titre leur valeur morale et pécuniaire. Il est à craindre que ces agriculteurs ne puissent porter « un jugement sur la personne de l'emprunteur autant que sur sa situation » (1). C'est cependant ce contrôle effectif qui est la base même des sociétés de crédit agricole, c'est cette connaissance intime de la situation des emprunteurs, qui doit être la force la plus grande de ces associations. Nous croyons donc qu'il aurait été bon de déclarer, que seuls les agriculteurs faisant partie d'un même syndicat pourraient constituer la société de crédit agricole. Nous rappelons ici, pour mémoire, qu'un nombre quelconque d'agriculteurs syndiqués peut former une société de crédit agricole. Nous n'avons pas à revenir ici sur une question qui a été à tort controversée.

II. *Constitution d'un capital social.* — Le paragraphe 3 de l'article 1er de la loi est ainsi conçu : « Le capital social ne peut être formé par des souscriptions d'actions. Il pourra être constitué à l'aide de souscriptions des membres de la société. Ces souscriptions formeront des parts qui pourront être de valeur inégale ; elles seront nominatives, et ne seront transmissibles que par voie de cession, aux membres des syndicats et avec l'a-

(1) Méline, *Exposé des motifs.*

grément de la société. » Cet article interdit d'une façon formelle la souscription d'actions pour la formation du capital. Il autorise toutefois la division en parts du capital social à souscrire par les membres de la société. A la Chambre des députés, à la séance du 20 juin 1892, lors de la discussion du projet primitif, dont l'article 1er, § 3, était à peu près semblable au paragraphe 3 actuel, une polémique assez vive s'engagea entre MM. Etcheverry, Mir et Méline. M. Etcheverry s'exprimait ainsi : « La commission supprime les actions, et elle décide que le capital pourra être partagé en parts. Je lui demande alors quelle différence elle fait entre les actions et les parts, quelle différence elle établit entre les actions que la loi nouvelle aurait, à l'instar de la loi de 1867, déclarées nominatives et non transmissibles, en dehors de la société, et ces parts que l'article 1er déclare devoir être nominatives et non transmissibles, autrement que par voie de cession, aux membres de la société syndicale. » La question posée par M. Etcheverry était fort embarrassante ; M. Mir, rapporteur, essaya d'y répondre et de marquer la différence demandée par M. Etcheverry ; il fut néanmoins obligé de reconnaître que la discussion ne portait que sur « une question de mots » et qu'il n'existait aucune différence juridique entre une action transmissible avec l'agrément de la société et une part d'intérêt nominative. Néanmoins le mot de part fut maintenu et l'amendement de M. Etcheverry repoussé (séance du 20 juin 1892).

L'article 1er, § 3, offre des garanties sérieuses réclamées par la situation de faveur faite aux sociétés de crédit. Ainsi les parts d'intérêt nominatives ne sont transmissibles que par voie de cession aux membres des syndicats avec l'agrément de la société, de telle sorte que les spéculateurs sont ainsi complètement éloignés de la société. Ce que la spéculation cherche, c'est un titre au porteur facilement transmissible et non une part d'intérêt nominative. La part d'intérêt dans notre système actuel n'est pas autre chose qu'une créance ordinaire de l'associé envers la société et cette créance se transmettra exactement comme est transmise une créance à l'égard du cessionnaire ; la simple livraison ne suffira donc pas. Toutefois, il importe de remarquer que notre loi apporte une dérogation au droit commun (art. 1690 C.civ.). Suivant cet article, une cession de créance devient efficace à l'égard des tiers par deux procédés : 1° en signifiant la cession au débiteur ; 2° en faisant accepter la cession par le débiteur. Un seul de ces moyens peut être employé en cas de cession de parts d'une société de crédit agricole. L'article 1er, § 3, subordonne d'une façon formelle la cession à l'agrément de la société ; dans tous les cas, il faudra l'acceptation de la société, qui se manifestera dans la pratique par un transfert sur les registres de la société.

C'est donc à la souscription formant la part d'intérêt, qu'il faudra avoir recours pour composer le capital social. Ces parts sociales peuvent du reste être de valeur inégale, aucune limitation n'ayant été apportée par le législateur. Nous rappelons enfin que les membres des syndicats, sont les seules personnes capables d'acquérir des parts sociales.

L'article 1er, § 3, prévoit seulement le cas où une société de crédit agricole possédera un capital social ; doit-on conclure de là que les sociétés à responsabilité illimitée sans capital social, ne pourront bénéficier des faveurs de la loi de 1894 ? Nous avons déjà eu l'occasion de dire, que le législateur n'avait jamais voulu prohiber la constitution des sociétés à type Raiffeisen. Les déclarations de M. Mir, dans la séance du 20 juin 1892, ne peuvent laisser aucun doute sur ce point. « Nous voulons, disait-il, faire un cadre dans lequel on pourra mettre tout ce qu'on voudra dans les limites tracées par la législation. J'ajoute que dans ce cadre, on pourra faire entrer, non seulement le type des sociétés allemandes Schulze-Delitzsch et Raiffeisen, mais encore tous les types des sociétés compatibles avec les dispositions légales de notre droit public. » La controverse nous semble donc impossible sur ce point. Il nous paraît superflu d'ajouter, que si une société n'a pas de capital social, elle doit nécessairement adopter le principe de la responsabilité illimitée ; c'est à ce prix seulement qu'elle pourra trouver du crédit.

III. *Versement du 1/4 du capital social.* — L'article 1er, § 4, édicte une prescription sévère : « la société ne pourra être constituée qu'après le versement du quart du capital souscrit. » Une société de crédit agricole ne pourra donc avoir une existence légale et un fonctionnement régulier, qu'après le versement du 1/4 du capital social.

On trouve une disposition analogue pour la constitution des sociétés anonymes. Aux termes de l'article 1er de la loi de 1867 ces sociétés ne peuvent être définitivement constituées qu'après le versement en espèces par chaque actionnaire du 1/4 au moins des actions lorsqu'elles sont de 100 francs et au-dessus ; si les actions n'excèdent pas 25 francs le montant total de l'action doit être versé. Toutefois le paragraphe 4 de l'article 1er diffère sur deux points importants de l'article 1er de la loi de 1867 :

1° Notre texte ne fait aucune différence, entre les actions n'excédant pas 25 francs, et celles excédant 100 fr. Quel que soit le montant de l'action ou plus exactement de la part il suffit que le 1/4 ait été versé.

2° Chaque associé n'est pas obligé de verser personnellement le 1/4 de sa part, il faut, et il suffit pour que la constitution de la société soit légale, que le 1/4 de l'ensemble des souscriptions ait été réellement versé.

Les différences signalées sur ce point, entre la constitution des sociétés anonymes, et celle des sociétés de crédit agricole, trouvent une explication fort rationnelle. La loi de 1867 a voulu écarter des sociétés anonymes les souscripteurs peu sérieux, et empêcher les administrateurs de ces sociétés de s'engager dans des entreprises téméraires. Le recrutement des sociétés de crédit agricole ne pouvait faire craindre de pareils inconvénients ; aussi le législateur s'est-il montré moins sévère pour le versement du capital social. Les uns peuvent verser en plus ce que les autres versent en moins ; cette faculté est très utile quand les associés ont des ressources très inégales. Ce sont les administrateurs qui affirmeront sous leur responsabilité, que le versement du 1/4 a été effectué.

IV. *Rédaction des statuts.* — L'article 2, § 3, de la loi énumère un certain nombre de prescriptions pour la rédaction des statuts. Les statuts détermineront notamment : 1° le taux des parts ; 2° le maximum de dépôts à recevoir ; 3° la responsabilité des associés ; 4° les prélèvements et la mesure des réserves ; 5° l'administration de la société ; 6° sa dissolution.

1° Les statuts détermineront le taux des parts. Nous avons admis que les parts pouvaient être de valeur inégale, il suffit de le rappeler ici. La loi de 1867, complétée par celle du 1er août 1893, défend l'émission de parts au-dessous de 25 francs, cette prohibition atteint-elle aussi les sociétés de crédit agricole ? La réponse ne saurait faire de doute. Nous avons admis que la loi de 1894 constitue à elle seule un type nouveau de société, n'ayant pas besoin d'être complété sur ce point par la loi de 1867. Une liberté entière est donc laissée aux fondateurs pour la fixation du taux des parts, car la loi n'a fixé ni maximum, ni minimum. En pratique, ces parts ne dépasseront pas le minimum fixé par la loi de 1867, sinon le capital social deviendrait par trop insuffisant. Il est vrai,que l'on pourrait suppléer à cet inconvénient, en multipliant le nombre des associés, mais il n'est pas à souhaiter pour le crédit de ces sociétés que le nombre des sociétaires soit trop considérable.

2° Les statuts détermineront le maximum de dépôts à recevoir. Nous croyons que sur ce point le législateur s'est montré un peu sévère. Il semble impossible à une société nouvelle de fixer par avance les sommes dont elle pourra avoir besoin pour son fonctionnement futur. Ce rôle doit appartenir à l'assemblée générale des sociétaires. Les fondateurs devront donc lui déléguer ce pouvoir dans les statuts.

3° Les statuts détermineront la responsabilité des associés. Les statuts diront : 1° si la responsabilité des sociétaires sera solidaire ou illimitée ; 2° si elle sera solidaire, mais limitée et dans quelle mesure ; 3° si elle ne sera pour les membres que de leur part et portion virile ; 4° si elle dépassera cette part et portion virile et de combien. Chaque associé pourra demander que les statuts limitent sa responsabilité à sa cotisation annuelle (1).

L'article 2 *in fine* nous dit quand cessera la responsabilité des associés : « Les sociétaires ne pourront être libérés de leurs engagements,qu'après la liquidation des opérations contractées par la société antérieurement à

(1) Chambre, séance du 20 juin 1892.

leur sortie. » Dans le projet adopté à la Chambre, la responsabilité des associés cessait de plein droit à l'égard de chaque membre, pour les faits antérieurs à sa retraite, deux ans après sa sortie du syndicat. La rédaction de notre article est défectueuse et son champ d'application demande à être limité. Cette disposition ne s'applique pas à tous les types de sociétés qui peuvent rentrer dans le cadre de la loi de 1894. En effet, si la société de crédit est une société à responsabilité limitée, chaque sociétaire qui se retirera de la société sera libéré, par ce fait qu'il aura payé le montant des apports promis. Dans le cas où les statuts auraient limité la responsabilité à la souscription annuelle, chaque associé pourra se retirer en abandonnant ses cotisations déjà versées, et se décharger ainsi de toute responsabilité. L'article 2 *in fine* ne s'applique qu'aux hypothèses dans lesquelles il est impossible de déterminer à la retraite d'un sociétaire sa situation pécuniaire exacte à l'égard de la société. C'est ce qui se produira si la société est : 1° une société à responsabilité solidaire illimitée ; 2° une société à responsabilité proportionnelle au montant de la souscription ; 3° une société dans laquelle la responsabilité de chaque associé a été portée par les statuts à une part multiple de souscription. Dans tous ces cas, l'engagement du sociétaire ne cesse qu'au moment même où s'éteignent les obligations de la société. Le sociétaire est libéré quand il a payé sa dette à la société, encore faut-il la connaître ; c'est pourquoi on est obligé parfois d'attendre la liquidation des opérations effectuées avant son départ de la société pour en déterminer le montant.

4° Les statuts détermineront les prélèvements et les mesures des réserves.— Pour ce qui est de la fixation du montant des prélèvements, nous croyons que les statuts ne peuvent pas le faire. Il conviendrait donc que les fondateurs laissent ce droit au conseil d'administration. Lui seul peut en effet connaître les besoins de la société, ses frais généraux et le mouvement de ses affaires ; autant de points qu'il est indispensable de connaître pour fixer les prélèvements.

Les prélèvements ainsi déterminés, serviront d'abord à acquitter les frais généraux d'administration, puis ils serviront à payer les intérêts des emprunts et du capital social. Rappelons en passant,que la loi a oublié de fixer un maximum du taux d'intérêt pour le capital social ; les statuts feront donc bien d'en établir un. Enfin les prélèvements seront affectés jusqu'à concurrence des 3/4 au moins à la constitution d'un fonds de réserve, jusqu'à ce qu'il ait atteint au moins la moitié du capital social. Nous avons le regret de constater une lacune grave dans ce paragraphe de l'article 3 ; il dispense en effet les sociétés Raiffeisen d'avoir une réserve ; la réserve qui est dans toute société une garantie des plus sérieuses, est d'une utilité peut-être plus grande encore dans les sociétés qui n'ont pas de capital social ; il suffit pour s'en convaincre de voir le rôle important qu'elle joue dans les associations d'avances et les caisses de prêts d'Allemagne. On ne saurait donc trop engager les fondateurs des sociétés à responsabilité illimitée, à combler dans leurs statuts cette lacune de la loi.

5° Les statuts détermineront le mode d'administration et la dissolution de la société. — Ils mentionneront le siège de la société et les personnes qui seront chargées de l'administration. Pourront seules être nommées administrateurs de la société les personnes qui en feront partie. Ce sont aussi les statuts qui détermineront le mode de surveillance qui sera employé à l'égard des administrateurs et la date des assemblées générales des sociétaires.

Enfin les parties contractantes auront soin d'indiquer, dans les statuts, les conditions de la dissolution de la société; elles pourront notamment stipuler que la société continuera avec les héritiers de l'associé prédécédé, à la condition toutefois que ces héritiers fassent eux-mêmes partie d'un syndicat agricole.

V. *Publicité des statuts.* — Les statuts rédigés, il faudra leur donner une publicité suffisante. Les conditions de publicité prescrites pour les sociétés commerciales ordinaires, sont remplacées par des dispositions spéciales énumérées dans l'article 2 de la loi. L'insertion dans un journal n'est plus nécessaire; le dépôt en double exemplaire des statuts reste seul obligatoire. L'administrateur doit remettre ces exemplaires au greffe de la justice de paix du chef-lieu de canton, récépissé lui en sera délivré. Le juge de paix devra alors faire déposer un des exemplaires au greffe du tribunal de commerce de l'arrondissement. Ce dépôt au greffe de la justice de paix doit être fait, non pas dans le mois, mais avant toute opération. Ces exemplaires contiendront non seulement les statuts de la société, mais encore la liste complète des administrateurs et des sociétaires avec leurs noms, profession, domicile, ainsi que le montant de chaque souscription.

Le paragraphe 5 de l'article 5, exige un second dépôt annuel fait en double exemplaire, comprenant la liste des membres faisant partie de la société, le tableau sommaire des recettes et des dépenses, ainsi que des opérations effectuées dans l'année précédente. Un des exemplaires sera encore déposé sous la responsabilité du juge de paix, au greffe du tribunal de commerce ou d'arrondissement (1). Ainsi, comme on l'a fait justement remarquer, « la comptabilité de ces sociétés devient une comptabilité publique ». On évite ainsi les spéculations et l'on donne aux tiers des renseignements précieux sur la solvabilité des sociétaires et l'honorabilité des administrateurs. A cette fin le dernier paragraphe de l'article 5 décide que les documents déposés au greffe de la justice de paix et du tribunal de commerce seront com-

(1) Dans le projet voté à la Chambre, le dépôt des statuts et des opérations annuelles était fait à la sous-préfecture et non au greffe de la justice de paix ; le texte définitif a raison d'écarter toute ingérence administrative.

muniqués à tout requérant. La sanction des dispositions de l'article 5 est contenue dans l'article 6, § 4 : « En cas de fausse déclaration relative aux statuts ou aux noms et qualités des administrateurs, des directeurs, ou des sociétaires, l'amende pourra être portée à 500 francs. » Cette sévérité se comprend, quand on songe que les tiers n'ont pour garantie que la publication exacte des noms des associés ; cette remarque a surtout une importance capitale lorsque la société est à responsabilité illimitée.

Nous venons de voir quelles sont les règles constitutives des sociétés de crédit agricole ; il faut se demander maintenant,quelles sont les sanctions de l'inobservation de ces prescriptions. L'article 6 de la loi nous en donne deux : elle déclare responsables civilement les administrateurs auxquels la violation de la loi est imputable et édicte contre eux une amende de 100 à 200 fr., pouvant être portée dans certains cas jusqu'à 500 francs. Reste à savoir si, à côté de cette double sanction, il ne faut pas en placer une autre — la nullité de la société formée en violation des règles établies par la loi ? La loi de 1867, article 41, déclare « nulle et de nul effet à l'égard des intéressés, toute société anonyme pour laquelle n'ont pas été observées les dispositions des articles 22, 23, 24 et 25 », concernant les conditions constitutives de la société. Dans le silence de la loi de 1894, doit-on appliquer l'article 41 de la loi de 1867, modifié sur ce point par la loi du 1er août

1893, ou faut-il dire que la seule sanction de l'inobservation des règles constitutives de ces sociétés réside seulement dans la double responsabilité civile et pénale des administrateurs qui ne se seront pas conformés aux prescriptions légales ?

La loi de 1867 doit recevoir ici son application. Le législateur de 1894 n'a aboli que les règles relatives à la constitution des sociétés commerciales ; à ce point de vue, il est juste de dire que la loi du 5 novembre se suffit. Mais les mêmes raisons qui nous ont engagé à soutenir cette opinion, n'existent plus quand il s'agit de la sanction générale à donner aux prescriptions nouvelles.

L'action en nullité, envisagée comme sanction de l'inobservation des règles constitutives, n'a pas seulement pour objet de protéger les tiers ou les sociétaires contre les agissements des fondateurs, mais aussi de sauvegarder le crédit général.

A ce titre, sa nécessité se fait sentir aussi vivement dans les sociétés de crédit agricole, que dans toutes les sociétés commerciales ordinaires. Il serait aussi curieux d'enlever une arme si redoutable, des mains des agriculteurs, quand l'objet même de la loi est de leur accorder des privilèges. Le législateur n'a parlé dans l'article 6 que de la responsabilité des administrateurs comme sanction apportée aux règles constitutives des sociétés de crédit agricole pour une raison fort simple, c'est qu'il voulait modifier sur ce point spécial la loi de 1867.

Il a pensé qu'il serait trop dur d'appliquer à des agriculteurs souvent inexpérimentés les peines édictées par la loi de 1867 ; c'est dans ce but qu'il les a réduites (art. 6). La loi de 1867 ne recevra donc plus son application, en ce qui concerne la responsabilité pénale des administrateurs, mais ses dispositions relatives à l'action en nullité resteront toujours en vigueur. Toutes les personnes intéressées (1) pourront demander la nullité d'une société de crédit agricole dans trois hypothèses : 1° lorsque le capital social n'aura pas été constitué par parts nominatives ; 2° lorsque le versement du 1/4 du capital social n'aura pas été effectué ; 3° lorsque les statuts n'auront pas été publiés régulièrement. Toutefois, il faut remarquer que l'article 8 de la loi du 1er août 1893 trouve ici son application ; l'action en nullité ne sera plus recevable lorsqu'avant l'introduction de la demande la cause de nullité aura cessé d'exister.

Les sociétés de crédit agricole légalement constituées, pourront conserver la situation privilégiée que la loi leur a faite, en insérant dans leurs statuts le principe « du capital variable ». En pratique, c'est sous cette modalité spéciale que se présenteront ces sociétés ; il est donc important de connaître l'effet de cette clause par-

(1) Ce sont les créanciers sociaux, les créanciers des associés, les associés (ces derniers ne peuvent demander la nullité qu'entre eux, mais non contre les tiers). V. sur ce point Lyon-Caen et Renault 1re édition, tome I, p. 227.

ticulière. Nous croyons atteindre ce but, en marquant les ressemblances, et en signalant les différences qui existent entre les sociétés ordinaires à capital variable, et les sociétés de crédit agricole à capital variable (1).

Le paragraphe 5 de l'article 1 est ainsi conçu : « Dans le cas où la société serait constituée sous la forme de société à capital variable, le capital ne pourra être réduit par les reprises des apports des sociétaires sortants au-dessus du montant du capital de fondation. »

1° Qu'il s'agisse de sociétés ordinaires ou de sociétés de crédit agricole, il faut que la forme à capital variable, ait été stipulée dans les statuts (art. 48 de la loi de 1867 et art. 1, § 5, de la loi de 1894).

2° Les variations de capital, la retraite ou l'arrivée de nouveaux sociétaires n'apportent aucune modification dans la constitution d'une société à capital variable ; même observation lorsque la société est une société de crédit agricole. De telle sorte que toutes ces modifications deviennent opposables aux tiers sans avoir besoin de recourir dans chaque cas à une publicité spéciale.

3° L'article 54 de la loi de 1867, applicable à toutes les sociétés à capital variable devra être appliqué aux sociétés de crédit agricole à capital variable. Nous dirons donc que la société ne sera pas dissoute par la mort, l'interdiction ou la déconfiture de l'un des associés.

(1) V. *Répertoire de droit français*, par Fuzier-Herman, n° 58 et s. au mot *Crédit agricole*.

4° Nous croyons qu'il convient d'appliquer aux sociétés de crédit agricole à capital variable, les dispositions des articles 49 et 50 de la loi de 1867. Le but du législateur de 1867 est le même que celui de 1894 ; ils veulent l'un et l'autre empêcher la spéculation. Il faut donc compléter sur ce point la loi de 1894 par celle de 1867.

Ces ressemblances signalées entre les sociétés ordinaires à capital variable et les sociétés de crédit agricole à capital variable, passons aux différences qui les séparent.

1° L'article 51 de la loi de 1867 déclare que la diminution du capital d'une société à capital variable ne peut dépasser 1/10 du capital primitif : la loi de 1894 dit au contraire que le capital ne pourra être réduit « au-dessous du capital de fondation », article 1er, § 5. Dans quel sens le législateur a-t-il employé les mots « capital de fondation » ? S'agit-il ici du capital qui doit être versé par les sociétaires pour la constitution de la société, ou a-t-on en vue le capital social souscrit par eux ? Nous croyons que le capital de fondation est le quart du capital social dont il est question dans l'alinéa précédent de l'article 1er, et dont le versement est nécessaire pour la formation de la société. Le paragraphe 5 ne se trouvait pas dans le texte proposé par la commission du Sénat. Il trouve son origine dans une disposition additionnelle, proposée par M. Grivart à la séance du Sénat du 27 avril 1894. Cette disposition additionnelle était ainsi conçue : « Les statuts détermineront une somme au-dessous de laquelle le capital ne pourra être réduit par des reprises des apports des sociétaires sortants ; cette somme ne pourra pas être inférieure au quart du capital social. » L'examen de l'amendement, d'accord avec M. Grivart, fut renvoyé à la deuxième délibération pour permettre à la commission de donner son avis. Lors de la deuxième délibération, à la séance du 21 mai 1894, la commission modifia dans les termes actuels du paragraphe 5 l'amendement de M. Grivart. Cette modification portait sur la forme de l'amendement et non sur le fond. Si la commission avait apporté un changement notable dans la disposition proposée, elle n'aurait pas manqué de justifier sa décision, or on ne trouve rien dans les débats sur ce point particulier. Il faut donc dire que dans aucun cas le capital d'une société de crédit agricole ne pourra être réduit au quart du capital social qui n'est autre en dernière analyse que le capital dont le versement est obligatoire pour la constitution de la société.

2° La libération des sociétaires sortant d'une société à capital variable ordinaire cesse (art. 52 de la loi de 1867) 5 ans après leur départ. La loi de 1894 ne fixe aucune prescription pour cette libération ; il faudra donc appliquer les règles que nous avons établies, lorsque nous avons parlé de la responsabilité des associés dans les sociétés de crédit agricole.

3° Enfin les sociétés ordinaires à capital variable sont

définitivement constituées après le versement du dixième du capital souscrit. Pour qu'une société de crédit agricole soit légalement constituée, sous la forme de société à capital variable, il faut que le 1/4 du capital souscrit ait été versé.

Toutes les règles que nous avons étudiées, toutes les dispositions que nous avons signalées, ne sont obligatoires que pour les sociétés de crédit agricole qui veulent s'y soumettre. Toutes personnes ne faisant pas partie d'un syndicat agricole pourront toujours, comme par le passé, constituer des sociétés de crédit agricole, mais alors elles seront obligées de se soumettre soit à la législation de 1867, soit à celle des associations coopératives. C'est en effet ce que l'on a dit souvent au cours des discussions parlementaires. M. Méline l'a déclaré formellement : « On pourra à volonté faire en vertu de la loi de 1867 des sociétés coopératives par actions, et en vertu de la nôtre des sociétés à simples parts d'intérêts. »

Cette remarque avait son importance, et il convenait de la faire avant de passer à l'étude du fonctionnement des sociétés de crédit autorisées par la loi de 1894.

CHAPITRE VIII

OPÉRATIONS, FONCTIONNEMENT ET DISSOLUTION DES SOCIÉTÉS DE CRÉDIT AGRICOLE.

Nous avons déterminé dans notre chapitre précédent, quelles étaient les personnes qui pouvaient faire partie des sociétés de crédit agricole, il convient actuellement de dire avec quelles personnes la société ainsi constituée peut faire des opérations. Le paragraphe 1 *in fine* de l'article 1er est ainsi conçu : « elles (les sociétés de crédit) ont exclusivement pour objet de faciliter et même de garantir les opérations concernant l'industrie agricole,et effectuées par ces syndicats ou par des membres de ces syndicats ». Il résulte de ce texte, que les seules personnes, qui pourront entrer en relation d'affaires avec la société, seront soit des membres de la société, soit des membres du syndicat agricole, ne faisant pas partie de la société de crédit.

Ainsi : « la situation des syndiqués qui n'entreront pas dans la société de crédit, sera à l'égard des membres de cette société, analogue à celle qu'ont dans les sociétés coopératives les simples adhérents à l'égard des actionnaires de ces sociétés (1) ». On constate que

(1) Rapport de M. Labiche.

le législateur s'est écarté ici du principe de la mutualité ; ce dernier aurait voulu que seuls les sociétaires puissent entrer en relation avec la société. C'est en effet le système suivi par les banques Raiffeisen où les petits cultivateurs faisant partie de l'association, sont les seuls qui obtiennent du crédit. Nous avons constaté que Schulze-Delitzsch avait admis la même règle, mais l'extension des opérations des associations d'avances ont bientôt fait disparaître le principe, et en pratique les prêts sont consentis à toute personne solvable. Il était d'une importance capitale pour le succès de nos sociétés nouvelles, d'établir une délimitation de personnes ; on doit savoir gré au législateur de l'avoir tracée, tout en regrettant qu'il ait permis à des personnes d'un syndicat étranger, de faire des opérations avec une société de crédit composée de membres d'un autre syndicat. Il ne faut pas oublier que la connaissance de l'emprunteur constitue en matière de crédit agricole la base même du système. Or les administrateurs d'une société de crédit agricole, et par conséquent de petits agriculteurs, sont incapables d'apprécier les qualités morales et pécuniaires d'un petit artisan ou d'un commerçant ; les opérations industrielles et commerciales sont inconnues à la campagne, et il aurait été impossible au conseil d'administration de surveiller l'emploi du capital emprunté. Il était donc indispensable de déclarer que, seuls les agriculteurs reconnus pour tels, que les agriculteurs syndiqués pourraient venir demander du crédit aux sociétés nouvelles. Mais nous trouvons que la loi n'est pas allée assez loin dans cette voie ; nous croyons qu'il aurait été nécessaire de rendre cette connaissance des personnes plus intime, et cette surveillance des prêts plus facile, en déclarant qu'il faudrait faire partie du même syndicat que les membres constituant la société, pour pouvoir faire des opérations avec elle. Ces réserves faites, nous constatons que l'article 1er alinéa 1 donne un aperçu général sur les opérations effectuées par les sociétés de crédit : « elles ont pour objet de faciliter et même de garantir les opérations concernant l'industrie agricole ». La disposition de notre article est beaucoup plus large que celle de la proposition Méline. L'auteur du projet de loi repoussait complètement le prêt en argent pour l'agriculteur, et n'admettait que la garantie des effets souscrits. « D'argent il n'en a pas besoin, et il ne faut pas lui en donner, d'abord parce que l'emprunt augmente les charges de la culture, et ensuite parce qu'il fait naître chez celui qui le reçoit, la tentation de l'employer à autre chose qu'aux besoins de son exploitation (1) ». L'exclusion des prêts en argent aurait été une erreur considérable. Il y a, en effet, certaines opérations qui ne peuvent se faire qu'avec de l'argent comptant, il faut compter sur toute une série d'améliorations dans l'exploitation agricole, qui se traduisent par des dépenses de main-d'œuvre, et auxquelles le crédit en argent peut seul s'appliquer.

(1) Méline, Exposé des motifs de sa proposition de loi, *J.off.*, p.700.

M. Méline confondait, comme l'a fait remarquer un auteur (1), deux choses profondément distinctes, le contrôle de l'emploi des fonds et le prêt en nature. Le prêt en nature est aussi nécessaire que le contrôle de l'emprunt. L'article 1er permet donc le prêt en argent, mais il faut remarquer que l'opération la plus fréquente des sociétés, sera celle qui consistera à apposer sa signature sur les billets souscrits par des agriculteurs. L'apposition du nom de la société sur l'effet souscrit aura un effet important : le billet perdra son caractère civil pour devenir commercial. Si donc, dans la suite un litige est soulevé à l'occasion de ce billet ainsi endossé, le tribunal de commerce sera seul compétent pour en connaître.

Que le crédit soit accordé sous forme de garantie ou sous celle de l'emprunt, il ne doit être accordé dans tous les cas « que pour des opérations concernant l'industrie agricole ». Ainsi, on prêtera à un membre du syndicat pour acheter du bétail ou de l'engrais, mais on ne devra lui faire aucune avance lui permettant de subvenir à ses besoins personnels, ou à ceux de sa famille. La sanction de notre article consiste dans la responsabilité des administrateurs qui auraient ainsi violé la loi (art. 6 de la loi). Ils devront donc veiller avec soin sur la nature de l'emprunt demandé.

Ces dispositions générales sur les opérations que doivent faire les sociétés de crédit étant formulées, le législateur nous a donné dans l'alinéa 2 de l'article 1er une

(1) Durand, *Le crédit agricole*, p. 667.

longue énumération des opérations spéciales que les sociétés peuvent faire. Cette énumération n'a pas l'importance qu'on pourrait supposer. Il résulte, en effet, des discussions parlementaires que le paragraphe 2 de l'article 1er est purement et simplement énonciatif et nullement limitatif (1). Nous ne suivrons pas l'ordre de l'énumération donnée ; nous étudierons d'une part les opérations actives, et d'autre part les opérations passives réalisées par ces sociétés (2).

Les opérations actives consisteront en opérations d'escompte, de prêts directs, d'avances sur titre, de découverts en compte courant.

1° *L'escompte* sera une des opérations essentielles des sociétés de crédit agricole. Il consiste à recevoir les effets souscrits par les agriculteurs, tels que lettres de change et billets à ordre avant leur échéance, en faisant aux porteurs de ces effets, l'avance de leur valeur moyennant un intérêt déterminé. Les administrateurs des sociétés veilleront avec soin à ce que l'ensemble des effets escomptés soit proportionné au fonds social et à l'importance des dépôts. Toutefois, il faut remarquer que l'opération de l'escompte amènerait vite l'épuisement des fonds sociaux, si on n'avait pas soin de les renouveler par le jeu des échéances sagement combinées. Le con-

(1) Rapport de M. Mir ; à la Chambre le 20 juin 1892, sur l'amendement de M. de Pontbriant M. Mir a renouvelé sa première déclaration.

(2) Sur ce point, V. Rayneri, *Manuel des banques populaires*, p. 20 et s.

seil d'administration examinera avec soin les effets qui lui seront présentés à l'escompte, il aura à déclarer notamment, si tel papier souscrit rentre dans la sphère des opérations agricoles. Enfin une vigilance sévère lui permettra de reconnaître les effets de complaisance et les traites tirées en l'air.

2° *Prêts directs.* — Les prêts directs en argent, ne seront accordés que plus rarement, et lorsqu'un besoin impérieux s'en fera sentir. Ce sera du reste toujours une opération assez dangereuse pour la société. Le prêt direct qui repose uniquement sur la valeur personnelle du sociétaire, l'étude de son caractère et de sa situation constituera une opération dangereuse. Le conseil d'administration devra connaître les causes de l'emprunt, ses résultats probables et engager l'emprunteur à s'assurer contre les risques agricoles. Le prêt accordé, ses précautions prises, il sera encore nécessaire d'en surveiller l'emploi. Nous reconnaîtrons même le droit au conseil d'administration, de réclamer immédiatement la somme prêtée dans le cas où elle serait employée à une destination autre que celle pour laquelle elle avait été accordée. L'article 1er, alinéa 1, nous permet de donner cette solution. Les prêts directs immobiliseront une somme toujours assez forte de capitaux, il conviendra donc de fixer un maximum total des prêts. La prudence commandera de diviser le plus possible les risques, en déterminant un montant individuel des prêts. Les prêts directs seront accordés à échéance de six mois avec faculté de renouvellement. En tout cas, la banque agricole agira toujours prudemment, en exigeant pour un sociétaire, la mise en nantissement de ses parts, et une caution solvable quand l'emprunteur sera un syndiqué non membre de la société.

3° *Les découverts en comptes courants.*— Il semblerait qu'un compte courant devrait toujours être créditeur ; il arrive cependant des époques où un commerçant, ici un agriculteur, peut avoir besoin d'un crédit temporaire, mais illimité quant à sa durée, pour achat d'engrais, de semences, d'outils aratoires. Le découvert en comptes courants, est bien préférable au prêt direct pour l'agriculteur, il s'accorde en effet parfaitement avec les exigences et les besoins du milieu agricole. L'agriculteur peut n'avoir besoin pour l'instant que d'une partie de la somme empruntée, alors l'ouverture d'un crédit en comptes courants lui évite de payer d'avance la totalité des intérêts, sur une somme dont il prévoit le besoin, mais qu'il pourrait bien ne pas utiliser en son entier ; il se contentera donc de faire des prélèvements successifs appropriés aux nécessités présentes. Le conseil d'administration restera toujours souverain juge pour reconnaître l'utilité de l'emprunt et surveiller son emploi

4° *Avances sur titres.* — Si les sociétaires ou les membres d'un syndicat ont déposé en nantissement des valeurs sérieuses, dans la caisse de la société, celle-ci lui concèdera assurément des avances qui constitueront pour elle une opération des plus sûres.

En dehors des ressources qui lui sont propres, les sociétés de crédit agricole, se procureront des fonds complémentaires, en recevant de leurs membres ou des tiers des dépôts en comptes courants et des dépôts à échéance fixe. Ce sont là les opérations passives de ces sociétés.

1° *Dépôts en comptes courants.* — Les dépôts en comptes courants, seront constitués par des fonds disponibles appartenant aux sociétaires et à des personnes étrangères à la société. L'habitude des comptes courants n'est pas encore entrée dans nos mœurs comme en Angleterre où cette opération est des plus fréquentes. Il appartiendra aux banques agricoles de développer dans leur sphère, l'usage du compte courant avec l'emploi du chèque. Les sociétés de crédit agricole deviendront ainsi « les petits caissiers de l'agriculture ». Toutefois les administrateurs ne devront jamais oublier que les fonds provenant des comptes courants constituent des dettes exigibles, des dépôts à vue ; il ne faudra donc jamais affecter ces capitaux à des opérations à trop longue échéance.

2° *Les dépôts à échéance fixe* ne présenteront pas pour les sociétés de crédit un danger aussi grand. Ces dépôts mettent à la disposition des banques, des capitaux dont elles peuvent régler l'emploi avec précision. Ces sommes pourront donc être employées à des opérations à longue échéance, à des opérations qui demandent un certain temps pour rémunérer le capital employé. Les conseils d'administration agiront donc sagement, en favorisant les dépôts à échéance fixe, car c'est un type d'emprunt spécial qui s'adapte le mieux aux exigences de l'agriculture. Il faut que ces dépôts à échéance fixe, deviennent, selon l'expression de M. Luzzati, « les bons du trésor de l'agriculture ».

Telles sont les opérations qu'effectueront dans la pratique les sociétés nouvelles de crédit agricole. Toutes ces opérations doivent être constatées et consignées dans une comptabilité commerciale (art. 4, *in fine*). L'article 4 voté en première délibération par la Chambre obligeait seulement ces sociétés à avoir une comptabilité tenue à jour. Lors de la délibération, sur la proposition de M. Frédéric Grousset et Berthrand, l'article actuel fut voté et accepté peu après par le Sénat. La disposition de cet article, est la conséquence obligée du caractère de société commerciale donné aux sociétés de crédit agricole ; on ne peut donc que savoir gré au législateur d'avoir appliqué le droit commun. L'obligation de tenir des livres, selon le Code de commerce, sera non seulement une force pour les sociétés nouvelles, mais encore une garantie sérieuse pour les tiers. Il suffira pour savoir quels livres ces sociétés doivent avoir, et quelles règles il faut appliquer, de se référer aux articles 8 et 9 du Code de commerce ; la question ne saurait présenter de sérieuses difficultés.

Cette comptabilité ainsi tenue, permettra d'établir chaque année le bilan de la société, les bénéfices réalisés et les pertes encourues. Nous supposons que l'inventaire des opérations a été fait, et que ce dernier a été clos par un excédent de recettes, quelle destination va-t-on donner à ces bénéfices? (article 3, § 3). « Le surplus (des sommes résultant des prélèvements) pourra être réparti à la fin de chaque exercice entre les syndicats et entre les membres des syndicats au prorata des prélèvements faits sur leurs opérations. Il ne pourra, en aucun cas, être partagé, sous forme de dividende entre les membres de la société. » Signalons dans ce texte des erreurs de rédaction qui rappelle celle de la proposition de M. Méline. « Entre les syndicats et entre les membres des syndicats... » il aurait fallu dire entre les sociétaires et les non-sociétaires faisant partie d'un syndicat agricole. La fin du paragraphe est plus correcte, quand il dit qu'on ne pourra jamais partager les bénéfices sous forme de dividende « entre les membres de la société ». Quoi qu'il en soit, la prohibition de dividende est formelle. Rien de mieux, la société de crédit n'a pas été fondée dans l'espoir de réaliser des dividendes ; son but est de procurer du crédit à bon marché à ses membres, et l'idéal serait qu'il n'y ait pas d'excédent de sommes disponibles après les prélèvements nécessaires pour la rémunération des capitaux et l'affectation aux réserves. En pratique, il y aura toujours un excédent qui sera distribué à toutes les personnes ayant fait des opérations avec la société au prorata des opérations effectuées par elles. Il y aura donc une restitution d'un trop perçu. Il faut faire remarquer que la disposition de la loi à cet égard n'est pas impérative, mais simplement facultative. Cette répartition des bénéfices n'est pas en effet obligatoire, et rien n'empêche de les verser à la réserve pour en grossir le montant. C'est même une habitude que les sociétés nouvelles devront contracter à leur début ; leur crédit augmentera en effet beaucoup si leur réserve devient plus importante que ne l'exige la loi. Toutefois, nous avons déjà eu l'occasion de faire remarquer que si la distribution annuelle de dividendes est interdite, cette prohibition cesse à la dissolution de la société, de telle sorte que la distribution des dividendes n'aura été retardée que pendant un certain nombre d'années. Par une singulière anomalie de la loi, ces sommes ainsi accumulées seront distribuées entre les membres seuls de la société. Les dangers, toujours à craindre dans le cas où il y a distribution de dividendes, semblent donc reparaître ici. On peut dire cependant qu'ils sont bien atténués. Cette prohibition de dividendes pendant de longues années peut-être, n'est pas faite pour attirer les spéculateurs et engager les administrateurs dans des opérations risquées ; la spéculation n'aime pas attendre aussi longtemps. Enfin la loi autorise et semble même conseiller d'affecter une part des bénéfices capitalisés à une œuvre agricole. Si les statuts renferment cette dernière disposition, la critique que l'on pourrait faire à la loi sur ce point disparaît complètement.

ADMINISTRATION DE CES SOCIÉTÉS.

Les sociétés nouvelles ont la personnalité morale, et comme telles ont besoin d'être représentées par des personnes agissant en leur nom. Ce sont les statuts qui détermineront « le mode d'administration de la société » (article 2). En pratique, le rouage administratif de ces sociétés se composera, vu le nombre des associés : 1° d'un conseil d'administration ; 2° d'un conseil de surveillance ; 3° d'assemblées générales de sociétaires.

1° *Conseil d'administration.*— Il sera composé d'administrateurs nommés, soit par les statuts, soit par l'assemblée générale. Les administrateurs seront des mandataires chargés de représenter la société ; ils ne devront pas être salariés, ni intéressés sur les bénéfices réalisés par la société. Le caissier seul devra recevoir une rémunération. Les administrateurs obligeront la société à l'égard des tiers, sans en principe, s'obliger personnellement ; ils auront à statuer sur les demandes d'escompte, et à surveiller scrupuleusement l'emploi des sommes prêtées par la société. L'article 6 de la loi consacre le double principe de la responsabilité civile et de la responsabilité pénale des administrateurs en ces termes : « Les membres chargés de l'administration de la société seront personnellement responsables en cas de violation des statuts, ou des dispositions de la présente loi, du préjudice résultant de cette violation. Ils pourront être poursuivis et punis d'une amende de 16 à

200 francs... Au cas de fausse déclaration relative aux statuts ou aux noms et qualités des administrateurs, des directeurs ou des sociétaires, l'amende pourra être portée à 500 francs. »

Les administrateurs seront civilement responsables envers la société et envers les créanciers sociaux. Leur responsabilité envers la société, résulte du mandat, et elle existera dans les cas prévus par l'article 6. Leur responsabilité envers les tiers se rattache aux principes généraux de l'article 1382 et 1383 du Code civil.

Leur responsabilité pénale variera suivant les hypothèses :

1° Les administrateurs ont violé les statuts de la société ou les dispositions de la présente loi ; ils pourront être poursuivis et punis d'une amende de 16 à 200 francs ;

2° Ils ont fait de fausses déclarations relatives aux statuts ou aux noms et qualités des administrateurs ; l'amende pourra être portée à 500 francs. On comprend facilement cette aggravation de peine quand on songe, comme nous l'avons déjà fait remarquer, que les tiers n'ont pour seule garantie qu'une déclaration exacte des noms des sociétaires. Il fallait donc empêcher une fraude facile à commettre, et éviter que l'on trompe leur bonne foi.

Une question spéciale a été soulevée, au sujet des pénalités édictées par l'article 6, et on s'est demandé, si la loi Bérenger s'appliquait dans notre cas particulier. On ne saurait hésiter; la loi Bérenger a un caractère général, et s'applique à toutes les peines correctionnelles sans distinction ; elle recevra donc ici son application.

2° *Conseil de surveillance.* — L'assemblée générale des actionnaires nommera un ou plusieurs commissaires de surveillance, chargés de faire un rapport à l'assemblée générale de l'année suivante sur le bilan, et les comptes présentés par les administrateurs. Il conviendrait même de donner aux commissaires de surveillance un rôle plus actif que celui qu'ils jouent dans les sociétés anonymes. Ils devraient se réunir au moins une fois par mois, suivre la marche des affaires, le mouvement des comptes, examiner les livres et vérifier la caisse. Un minimum de 3 commissaires nous paraît suffire, l'un pourrait se charger du contrôle de la caisse, l'autre de la comptabilité, le troisième du contrôle des opérations.

3° *Assemblées générales des sociétaires.* — Ces assemblées règleront toutes les questions concernant le fonctionnement de la société ; elles nommeront les administrateurs, le conseil de surveillance et fixeront le maximum de dépôts à recevoir. Nous avons vu sur ce point, que les fondateurs feraient bien de donner ce pouvoir à l'assemblée générale, plutôt que de fixer un maximum dans les statuts.

Le fonctionnement régulier de ces sociétés ne s'effectuera pas toujours sans soulever des difficultés, des litiges. Quelle sera la juridiction compétente pour trancher ces différends? L'article 4 qui déclare ces sociétés, sociétés commerciales, reconnaît par suite ce droit aux tribunaux de commerce. Les tribunaux de commerce seront donc seuls compétents, pour trancher les litiges qui pourront s'élever dans les rapports des associés entre eux et dans les rapports de la société avec les tiers. Les principes généraux du droit commun et les textes de la loi nous commandaient cette solution. La loi du 17 juillet 1856, en supprimant l'arbitrage forcé entre les associés, a déféré aux tribunaux de commerce, les contestations entre associés. Cette solution n'a rien d'arbitraire quand l'on songe que l'obligation de l'associé à l'égard de la société, est toujours commerciale. Si une contestation s'élève entre la société et un tiers, elle sera encore portée devant la juridiction commerciale en vertu de l'article 632 du Code de commerce. Les sociétés de crédit mutuel font des actes de commerce, et par suite, en cas de difficulté, ces actes ne doivent être appréciés que par le tribunal de commerce. Reste à savoir si le législateur a bien fait de donner compétence aux tribunaux de commerce? Les principes de la matière l'ont conduit à prendre cette décision. Nous croyons qu'il aurait été préférable de ne pas les suivre si loin. Il aurait été en effet très utile d'attribuer cette compétence aux juges de paix. Notre solution s'explique par les considérations suivantes. Il faut se rappeler que les sociétés de crédit ne sont pas de grandes entreprises commerciales, mais de petites banques locales, nous aurions la tentation de dire cantonales. Leurs opérations ne sont pas si nombreuses pour qu'elles puissent donner lieu à de grosses difficultés juridiques. Elles ont besoin d'un arbitre, bien plus que d'un juge. L'arbitre devait être le juge de paix. On remarquera que si la compétence du juge de paix avait été admise, on aurait évité des déplacements inutiles aux membres de ces sociétés en cas de procès. Un agriculteur, en effet, est toujours en relation suivie avec son chef-lieu de canton, mais assez rarement avec le chef-lieu d'arrondissement.

DISSOLUTION DE CES SOCIÉTÉS.

Nous avons vu que la loi laisse toute liberté aux sociétaires pour régler les conditions de la dissolution de la société. Il est donc inutile de revenir sur ce point, mais il importe de préciser dès maintenant, dans quels cas se produira la dissolution, lorsqu'elle n'aura pas été prévue dans les statuts. Les sociétés de crédit agricole sont des sociétés de personnes, il faut en conclure que, indépendamment des causes de dissolution qui peuvent amener la fin de toute société, telles que l'expiration du terme convenu, elles doivent cesser pour des raisons qui dérivent de la personne des associés. Ainsi la mort, la déconfiture, l'interdiction légale ou judiciaire, la faillite d'un associé seront autant de causes de dissolution de la société. Enfin la société de crédit se trouvera dissoute, lorsqu'elle aura été mise en faillite ou en liquidation judiciaire. Le régime de la faillite est en effet applicable à nos sociétés nouvelles ; cette décision est contenue dans l'article 2 de la loi. En principe, la déclaration de la faillite et de la liquidation judiciaire n'atteindra que la société et non les associés. La personne morale, la société sera seule frappée lorsqu'elle se présentera sous la forme d'une société à responsabilité limitée. Notre solution ne serait pas la même, si la société était une société à responsabilité illimitée. Dans ce cas, en effet, les associés se trouveraient absolument dans la même position que si la société était une société en nom collectif ordinaire, et par suite seraient atteints par la déclaration de faillite prononcée contre la société. Pour être complet, il faut ajouter que lorsque les statuts de la société auront été violés, ou les prescriptions de loi méconnues, le tribunal saisi d'une demande de poursuites contre les administrateurs, pourra, à la diligence du procureur de la République, prononcer la dissolution de la société (art. 6).

CHAPITRE IX

IMPÔTS QUI GRÈVENT LES SOCIÉTÉS DE CRÉDIT AGRICOLE (1).

Nous étudierons successivement les impôts qui frappent les sociétés commerciales ordinaires, dans l'état actuel de notre législation fiscale, et au cours de cet examen, nous dirons ceux qui sont applicables aux sociétés de crédit agricole, et ceux dont la loi les a exemptées.

Les sociétés commerciales paient un droit d'enregistrement, un droit de patente, un droit de timbre, un droit de transmission et de taxe annuelle, enfin un impôt sur le revenu.

1° *Droit d'enregistrement.*

Ce droit a été créé par une loi du 22 frimaire an VII (art. 68, § 3, n° 4). Cette loi fiscale assujettissait à un droit fixe de 3 francs « les actes de société qui ne portaient ni obligation, ni libération, ni transmission de biens, meubles ou immeubles, entre les associés ou autres personnes ». La loi du 28 avril 1816, art. 45, n° 2, éleva le droit fixe à 5 francs « pour les actes de forma-

(1) Lyon-Caen et Renault, n° 225, *Précis de droit commercial* ; *Revue critique de législation*, tome XXIV, 1895, p. 343.

tion ou de dissolution de société actuellement soumis au droit fixe de 3 fr. ». La loi du 28 février 1872, modifia toute la législation antérieure, en créant un droit gradué déterminé « par le montant total des apports mobiliers et immobiliers, déduction faite du passif » (1). Cette dernière loi a cessé à son tour, d'être en vigueur depuis celle du 28 avril 1893, qui a introduit dans notre législation, un droit proportionnel de 0,20 0/0 à la place du droit gradué. Nos sociétés nouvelles seront-elles soumises à ce droit ? Le silence de la loi sur ce point, semble permettre une réponse affirmative ; une étude plus approfondie nous oblige à reconnaître que les sociétés de crédit agricole ne seront pas soumises à cet impôt nouveau. Il suffit, pour s'en convaincre, de lire les débats parlementaires du 16 juin 1892. M. Etcheverry a posé nettement la question en demandant si ces sociétés seraient soumises au droit d'enregistrement. M. Méline lui a répondu en déclarant formellement, que les actes de ces sociétés ne seraient pas enregistrés, parce qu'il n'y a pas d'actes constitutifs de ces sociétés, mais simplement des statuts. Il a ajouté encore que ces statuts auront date certaine par le récépissé qui sera délivré aux fondateurs, lors du dépôt exigé par la loi, et qu'en cas de procès, on les fera enregistrer. La question de l'enregistrement fut encore soulevée dans la discussion des articles (2) sur un

(1) V. Demante, *Principes de l'enregistrement*, n° 512.
(2) *Officiel*, *Débats parlementaires*, Chambre 1892, juin, p. 871.

amendement proposant l'obligation d'un écrit enregistré pour la constitution de ces sociétés. L'amendement fut retiré sur les explications du rapporteur déclarant encore, que dans ces sociétés l'acte constitutif était remplacé par les statuts. On ne parla plus dans la discussion du droit d'enregistrement ; l'intention manifeste du législateur a donc été de dispenser ces sociétés de tout droit d'enregistrement (1).

2° *Patente.* — La patente est le droit qu'on paie pour avoir le droit d'exercer une profession (art. 2, al. 2). Cet article dispense les sociétés nouvelles du droit de patente : « elles sont exemptes du droit de patente. » Cette solution n'a pas été adoptée sans soulever de grosses difficultés lors de la discussion de cet article. M. Doumer a combattu le projet en disant « qu'il y aurait une injustice à exempter de la patente, des sociétés qui auront un caractère absolument commercial, ce qui ne s'était jamais fait jusqu'ici. M. Mir, rapporteur, a répondu que du moment que la Chambre avait exempté les sociétés coopératives de la patente, il y avait lieu *à fortiori* d'en exempter les sociétés de crédit (2). Une jurisprudence constante, interprétant la loi fiscale, déclare que l'impôt de patente ne peut être perçu que lorsque le commerce est exercé en vue des recherches des bénéfices ; elle ajoute encore qu'il est nécessaire que les gérants des sociétés ne soient pas salariés, et que leurs

(1) V. *Contrà*, Benoît-Lévy, *Lois nouvelles* du 15 avril 1895.
(2) Chambre, 29 avril 1893.

opérations se fassent exclusivement entre associés. L'article 4, alinéa 2, a donc été plus loin encore que la jurisprudence en déclarant que dans tous les cas, les sociétés de crédit agricole seraient exemptées du droit de patente.

3° *Impôt du timbre.* — La loi du 22 frimaire an VII (art. 69, § 2, 6°) soumettait à un droit proportionnel de 0,50 0/0 les cessions d'actions. La loi de finance du 5 juin 1850 remplaça cet impôt difficile à percevoir par un droit de timbre proportionnel de 1 0/0 réduit à 0,50 0/0 si la durée de la société n'excède pas 20 ans. La société peut aussi, au lieu de payer un droit de timbre, verser un droit annuel de 5 centimes pour 100 du montant des actions. Nous croyons que, dans le silence de la loi de 1894, on doit appliquer aux sociétés nouvelles la loi du 5 juin 1850.

4° *Droit de transmission et de taxe annuelle.* — La loi du 5 juin 1850, dispensait de tout droit d'enregistrement les cessions d'actions ou d'obligations, moyennant le droit de timbre qu'elle établissait. La loi de finance du 23 juin 1857 a établi, en sus du droit de timbre, un droit de mutation, qui est payé à chaque cession pour les titres nominatifs, et chaque année pour les titres au porteur. La taxe est actuellement de 0 fr. 50 pour les mutations de titres nominatifs et 0 fr. 20 annuellement pour les titres au porteur. Les sociétés de crédit agricole seront-elles soumises en ce qui concerne leurs parts nominatives à ce droit de 0 fr. 50 par mutation ? Une jurisprudence constante (1) assimile dans ce cas la part d'intérêt à l'action et comme d'autre part la loi de 1894 n'a pas dispensé nos sociétés de ce droit de transmission, nous sommes obligés de déclarer que les mutations des parts dans les sociétés de crédit, paieront un droit de 0 fr. 50 par mutation.

5° *Impôt sur le revenu.* — La loi du 29 juin 1872 a établi un impôt sur le revenu des sociétés. Il frappe les dividendes des sociétés commerciales ou civiles et les intérêts des obligations. Fixé à 3 0/0 par la loi de 1872, il a été porté à 4 0/0 le 26 décembre 1890. L'article 4 de la loi du 5 novembre 1894 déclare que les sociétés de crédit agricole seront exemptées de l'impôt sur les valeurs mobilières. Cette expression a été, dans la pensée du législateur, synonyme de celle d'impôt sur le revenu ; ce qui le prouve, c'est la raison qui a été donnée pour justifier cette exemption, « ces sociétés ne distribuent pas de dividendes, de bénéfices, dans ces conditions c'est le principe purement coopératif qui domine ». Des critiques, selon nous justifiées, se sont élevées contre le projet de notre article, lors de sa discussion à la Chambre et au Sénat. M. Rouvier demandait qu'on soumît ces sociétés, en ce qui concerne l'impôt des valeurs mobilières, au régime de droit commun ; son amendement fut rejeté. M. Lacombe, au Sénat, réclamait la limitation à 2000 francs le chiffre au-dessus duquel l'exemption cesserait ; on passa outre, et l'article 4 fut voté dans

(1) Cassation, 14 novembre 1877 ; Sir., 1878,1, 45.

toute sa teneur. La faveur accordée par la loi nous paraît excessive. Il faut se rappeler en effet que les sociétaires, peuvent toucher annuellement un intérêt de leur argent qui peut être très rémunérateur, puisqu'il n'y a pas eu de maximum fixé par la loi sous le nom d'intérêt, on pourra distribuer de véritables bénéfices qui seront exempts de l'impôt de 4 0/0 établi sur les revenus. De plus, à la dissolution de la société, les réserves qui ne sont que des bénéfices accumulés, seront distribuées entre les sociétaires, sans être soumises à l'impôt. Personne ne peut nier, que ce ne soient là des profits, des bénéfices. On doit aller plus loin dans l'interprétation de l'article 4 ; les capitalistes qui feront des avances aux sociétés nouvelles et qui retireront ainsi un intérêt rémunérateur en jouant le rôle d'obligataires, n'auront pas à payer le droit de 4 0/0. Il est impossible de dire cette fois, pour justifier cette solution, que le législateur a voulu favoriser le petit agriculteur. Les capitalistes, qu'on a cherché dans tous les cas à éloigner des sociétés nouvelles, pourront ainsi jouir de privilèges qui, dans la pensée du législateur, ne devaient s'adresser qu'aux agriculteurs. M. Poincaré a compris, lors de la discussion de l'article, la justesse de ces critiques, mais il a engagé la Chambre à le voter. Il a promis de déposer un nouveau projet de loi, modifiant l'article 4, si les nécessités le demandaient. Il faut espérer que le parlement pourra bientôt reprendre l'étude d'une question trop rapidement résolue.

CONCLUSION

Dans le cours de cette étude nous avons eu une double préoccupation. D'une part, nous avons cherché sur quels principes généraux il fallait s'appuyer pour organiser et fortifier les garanties personnelles de l'agriculteur ; de l'autre, nous avons étudié, à l'aide des notions acquises, la loi du 5 novembre 1894. En matière de crédit personnel agricole nous avons dit ce qu'il fallait faire, nous avons vu ce que notre législateur avait fait. Le moment est venu de porter un jugement sur la loi nouvelle et sur son efficacité. Les critiques assez nombreuses que nous avons eu l'occasion de formuler à son égard ne nous empêcheront pas cependant d'affirmer son utilité. Une loi doit être envisagée dans son ensemble et non dans ses détails, en examinant si elle correspond à un besoin réel, à une nécessité pratique. Un jugement ainsi préparé ne peut être que favorable à la loi du 5 novembre. Abandonnant des errements anciens, elle a pour nous le grand mérite d'avoir su placer la question du crédit agricole sur son véritable terrain en facilitant l'organisation de ce crédit par en bas. En matière de crédit agricole, il faut songer à faire petit pour vouloir faire grand ; l'organisation de sociétés de crédit agricole, de banques locales répond à cette préoccupation. Les formalités des sociétés commerciales ordinaires étaient trop nombreuses et trop compliquées pour être suivies dans le milieu rural ; elles sont simplifiées et réduites au minimum par la loi du 5 novembre 1894.

Plus d'intervention obligatoire du notaire qui était indispensable au moins pour vérifier la sincérité du versement dans les sociétés anonymes, plus d'acte de société obligatoire, mais seulement des statuts à rédiger et à déposer au greffe de la justice de paix. La loi nouvelle accorde aux sociétés de crédit agricole des faveurs qui ne sont point à dédaigner en les déclarant exemptes de l'impôt de la patente et de l'impôt sur le revenu. Toutefois il est regrettable que le législateur ait montré une prédilection si marquée pour les sociétés de crédit agricole à responsabilité limitée, et ait éprouvé le besoin de créer un type nouveau de société commerciale à responsabilité limitée. Le principe de la responsabilité solidaire et illimitée a fait la prospérité des sociétés coopératives étrangères, on a eu tort de l'oublier.

Vu :
Lyon, le 10 mars 1897,
Le Président de la thèse,
EM. COHENDY.

Vu :
Lyon, le 13 mars 1897,
Le Doyen de la Faculté,
E. CAILLEMER.

Permis d'imprimer :
Le Recteur de l'Académie,
Président du Conseil de l'Université de Lyon,
Le 13 mars 1897,
G. COMPAYRÉ.

TABLE DES MATIÈRES

Imp. G. Saint-Aubin et Thevenot. — J. THEVENOT, successeur, Saint-Dizier.

www.ingramcontent.com/pod-product-compliance
Ingram Content Group UK Ltd.
Pitfield, Milton Keynes, MK11 3LW, UK
UKHW020330230726
13925UKWH00002B/719